Die Kleinbahn

ISBN 3-924335-47-8

Herausgeber:
Ingrid Zeunert
Lektorat:
Wolfgang Zeunert
Fachmitarbeiter:
Andreas Christopher, Eugen Landerer,
Dr. Stefan Lueginger, Horst Prange,
Dieter Riehemann, Klaus-Joachim Schrader †,
Dr. Markus Strässle, Karl Weigl
Verlag Ingrid Zeunert
Postfach 1407, 38504 Gifhorn
Hindenburgstr. 15, 38518 Gifhorn
Telefon: (05371) 3542 • Fax: (05371) 15114
e-mail: webmaster@zeunert.de
Internet: www.zeunert.de
DIE KLEINBAHN
Erscheinungsweise: Ein bis zwei Bände jährlich.

Gedruckt bei
Druckhaus Harms
Martin-Luther-Weg 1, 29393 Groß Oesingen

Inhalt

Titelbild:
Verkehrsbetriebe Elbe-Weser (EVB)
Diesellok 420.11 am 7.5.2005 in Bremervörde Süd.
Foto: Dieter Riehemann

Rücktitel:
Prignitzer Eisenbahn (Meyenburg-Karow)
VT 650.04 am 31.7.2004 im Sommerausflugsverkehr bei
Plauerhagen.
Foto: Martin Raddatz

Von Dirk Endisch
128 S., 94 Fotos. Verlag
Ingrid Zeunert, Postfach
1407, 38504 Gifhorn.
Bei den Harzer Schmal-
spurbahnen sind die
schweren 1´E1´-Tenderloks
noch täglich im Einsatz.
Das Buch beschreibt
Entstehen, Bauartände-
rungen, Bestände und
Einsätze dieser derzeit
größten Dampfloks auf
deutschen Schmalspur-
gleisen.

Regionalbahnen in Deutschland

Abellio GmbH

Nach Erlangen der Ausschreibung bedient Abellio ab Dezember 2005 die Strecken Essen-Bochum-Witten-Hagen (RB 40) und Bochum-Gelsenkrchen (RB 46) im SPNV. Der Verkehr Essen-Hagen wird mit drei Siemens-Dispoloks ES64U2 plus Reisezugwagen und Bochum-Gelsenkirchen mit drei Triebwagen CORADIA-LINT 41/H durchgeführt werden.

Albtal-Verkehrsgesellschaft mbH (AVG) Ortenau-S-Bahn GmbH (OSB) Hohenzollerische Landesbahn AG (HzL)

Für einige Monate waren ab Fahrplanwechsel Dezember 2004 in Freudenstadt Hbf im Regelverkehr ausschließlich Privatbahntriebwagen zu sehen. Neben den Stadtbahnzügen der AVG waren dies die planmäßigen RegioShuttle der Ortenau-S-Bahn (OSB hatte zum Fahrplanwechsel den Betrieb in Richtung Hausach-Offenburg übernommen) und dazu RegioShuttle der HzL, die vorübergehend im Auftrag der DB-Regio die Verbindung nach Eutingen sicherstellten. Seit Sommer 2005 setzt die DB Regio hier allerdings, voraussichtlich bis zur Elektrifizierung und Verkehrsübernahme durch die AVG, wieder eigene VT ein.

Dieter Riehemann

Arriva / Noorned

Arriva übernahm mit seiner niederländischen Tochter Noorned ab Dezember 2005 den Personenverkehr in den niederländischen Provinzen Groningen und Friesland sowie auf der Strecke Leer-Groningen. Bei Stadler wurden dafür 43 dieselelektrische Gelenktriebwagen (GTW) bestellt

AVG/OSB: OSB-VT 510 und 518 sowie AVG Tw 904 (rechts) am 18.5.2005 in Freudenstadt Hbf. Foto: Dieter Riehemann

(27 dreiteilige GTW 2/8 und 16 zweiteilige GTW 2/6 ähnlich Usedomer Bäderbahn). Für den Verkehr Leer-Groningen über die Grenze hinweg bekommen acht Triebwagen eine Sonderausrüstung in Hinsicht auf die unterschiedliche Sicherheits- und Signaltechnik. Die Triebwagen werden von Stadler in der Schweiz gebaut und 2006/2007 geliefert.

Ascherslebener Verkehrsgesellschaft (AVG)

Anfang 2005 hat die AVG den Rangierbahnhof Aschersleben gepachtet sowie deren Betriebsführung und Unterhaltung übernommen. Ferner wird im Auftrag von ITL in Delitzsch mit Lok 102 254 (LKM 1970/265154) ein Landhandelsanschluß bedient. Neu bei der Bahn ist Lok 02 (LEW 1976/15355; V60D; ex IGE Werrabahn Eisenach WE 2).

Bayerische Cargo Bahn (BCB)

Die BCB hat per 1.1.2005 dem größten Teil des Güterverkehrs der Württembergischen Eisenbahngesellschaft (WEG) mit Fahrzeugen und Personal übernommen. Zu den übernommenen Triebfahrzeugen gehören die V 23 (Gmeinder 1959/5124, ex DB 332 801) sowie die Locomotion Service GmbH-Mietloks V 1001-130 (VSFT 2001/1001130, Typ G1206) und V 1001-033 (VSFT 2001/1001033, Typ G2000).

Bayern Bahn Betriebsgesellschaft (BayernBahn)

Das am 22.12.87 ursprünglich als »Museumsbahnen im Donau-Ries Betriebsgesellschaft« gegründete EVU hat die Betriebs-

AVG: Tw 906+916 am 18.5.2005 in Freudenstadt Hbf. Foto: Dieter Riehemann

BCB: V 200 001 vor Nostalgiezug 2003 in Holzkirchen.   Foto: Gerald Rumm

BCB: V 300 001 am 12.9.2004 vor dem Depot in Lenggries. Foto: Gerald Rumm

Bentheimer: Lok 23 am 8.9.2005 auf der Anschlußbahn Hafen Emlichheim.

Bentheimer: Lok 25 am 9.7.2004 zwischen Esche und Veldhausen.

Bentheim-Fotos (2): Dieter Riehemann

Butzbach: PRESS-Loks 204 013 und 204 010 am 2.8.2005 in Griedel.

führung folgender Strecken:
- Nördlingen-Dinkelsbühl-Dombühl
- Nördlingen-Gunzenhausen
- Landshut-Neuhausen (gemeinsam mit DZF Dampfzugfreunden Landshut)
Es erfolgt eine enge Zusammenarbeit mit Ecco-Cargo und der Bundesmonpolverwaltung für Branntwein (BfB). Außerdem werden Arbeitszüge gefahren.

Bentheimer Eisenbahn AG (BE)

Die BE hatte in 2005 zeitweise zwei Loks der WLE als Mietfahrzeuge im Einsatz. Den Maschinen gab man sogar vorübergehend BE-Betriebsnummern, und zwar der WLE-Lok 72 die BE-Nr. D 26 und der WLE-Lok 61 die BE-Nr. D 27.
Die seit Jahren im Auftrag der DB gefahrenen Übergabezüge zwischen Rheine und Emsdetten werden demnächst entfallen, da der einzige Kunde in Emsdetten wegen Schließung des Betriebes ausfällt. Durch die dadurch eintretende bessere Verfügbarkeit von Streckendieselloks verzichtet die BE bis auf weiteres auf die Beschaffung einer neuen Streckendiesellok (Ersatz für die als neue D 26 vorgesehene ex DB 216 099, deren Umbau und Auslieferung aber nicht zustande kam). Neu beschafft werden soll nun allerdings besonders zum Rangieren der Kieszüge eine Diesellok in der Leistungsklasse um die 500 PS.

Dieter Riehemann

Regiobahn Bitterfeld Berlin

Am 1.1.2005 fusionierten die Regiobahn Bitterfeld (RBB)und

Butzbach: Eisenbahnfreunde Wetterau-Lok 2 am 2.9.2005 im Bahnhof Münzenberg.   Fotos (2): Joachim Schwarzer

die RCB Rail Cargo Berlin zur Regiobahn Bitterfeld Berlin (RBB). Betriebsmittelpunkt, Verwaltung und Werkstatt sind weiterhin in Bitterfeld. Neben dem Verkehr auf dem eigenen Bitterfelder Gleisnetz werden bundesweit und international Güterzüge gefahren.

Brohltalbahn Schmalspureisenbahn (BEG)

Die Bahn betätigte sich seit Beginn 2005 auch als Normalspur-EVU und fuhr zweimal wöchentlich Aluminiumganzzüge. Im Einsatz waren als Leihlok der Fa. Gleiskraft die 202 269 (LEW 1970/12251) sowie Res-Güterwagen der Fa. Rexwall.

Butzbach-Licher-Eisenbahn (BLE)

Das Foto in DIE KLEINBAHN Band 13 auf Seite 9 zeigt einen Museumszug der Eisenbahnfreunde Wetterau im Bahnhof Pohlgöns an der ehemaligen Strecke nach Oberkleen bzw. in das US-Lager in Kirchgöns. Planmäßig wird dort nicht mehr hingefahren, denn das Anschlußgleis zur ehemaligen Kaserne ist zur Zeit ohne Güteraufkommen.
Die Holzverladung in Münzenberg lief bis Ende September 2005. Am 23.9.2005 verließ der letzte Zug mit Fahrtziel Stendal-Arneburg den Bahnhof.

Gleich danach begannen die umfangreichen Bauarbeiten für das Straßenprojekt in Griedel, wo die Strecke zeit- und zweckbefristet unterbrochen wurde. Da das Übergabegleis in Bad Nauheim zur Deutschen Bahn AG ebenfalls betrieblich gesperrt ist, konnte ein Wagenaustausch mit Railion oder einem anderen Logistikanbieter nicht erfolgen.
Noch vor Weihnachten 2005 wollte man die neue Verkehrsführung in Griedel offiziell in Betrieb nehmen, wo im Kreuzungsbereich der B 488 und der Autobahn-Auf- und -Abfahrt zur A 5 ein Verkehrskreisel mit integrierten Bahnübergang entstanden ist. Ferner sollte im Januar 2006 die Holzverladung in Münzenberg wieder beginnen.
Die Butzbach-Licher-Eisenbahn übernahm im Auftrag der Hessischen Landesbahn zum Fahrplanwechsel am 11.12.2005 den Zugverkehr auf der Kahlgrundbahn. Hierzu wurden sechs neue Desiros bestellt, die fristgerecht ausgeliefert wurden. Zunächst waren diese mit den Betriebsnummern VT 301-306 A+B in Butzbach Ost abgestellt, ehe man sie am 10.12.2005 in den Vormittagsstunden nach Schöllkrippen überführte. Die bei der Kahlgrundbahn nicht mehr benötigten NE ´81-Triebwagen VT 81, 82, VS 183 und 184 sowie der Regioshuttle VT 97 sind für weitere Verwendungen bei der BLE hinterstellt.   *Joachim Schwarzer*

Butzbach: Eisenbahnfreunde Wetterau-Lok 2 am 2.5.2005 in Oberhörgern-Eberstadt.   Fotos (2): Joachim Schwarzer

AHG Handel & Logistik

Auf der Anschlußbahn Küchwald-Glösa der Stadtwerke Chemnitz fährt die AHG täglich drei Güterzüge mit Kohle für das Heizkraftwerks Chemnitz. Dafür übernahm AHG von den Stadtwerken Chemnitz die Dieselloks
1 (LEW 1983/17695; V60D)
3 (LEW 1979/16530; V60D)
4 (LEW 1968/11905; V100)

Connex

Farge-Vegesacker Eisenbahn (FVE)
Von der Hansestadt Bremen wurde beschlossen, daß der Personenverkehr zwischen Vegesack und Farge wieder aufgenommen wird. Die Strecke wird 2006 saniert. Danach wird der Verkehr mit Dieseltriebwagen aufgenommen.

Connex Sachsen
Unter dem Namen »LausitzBahn« wird zwischen Cottbus, Görlitz und Zittau im Stundentakt gefahren.

Connex Sachsen-Anhalt GmbH
Nach Zulassung als EVU fährt Connex ab 11.12.2005 vom Standort Halberstadt aus den HarzElbeExpress (HEX) auf den Strecken Thale-Halberstadt-Magdeburg, Halberstadt-Blankenburg (Harz), Halberstadt-Könnern und Halle (Saale)-Könnern-Bernburg. Zum Einsatz kommen sieben einteilige LINT 27 (VT 870 bis 876) und zwölf zweiteilige LINT 41 (VT 800 bis VT 811). Hersteller ist die Firma Alstom in Salzgitter, die die Triebwagen bei der Verkehrs Industrie Systeme (VIS) in Halberstadt endfertigen läßt.

Connex Frankreich
Die französische Connex-Tochter CFTA-Cargo und die Bayerische CargoBahn (BCB) fahren seit Oktober 2005 mit Vossloh-Dieselloks MaK 1206 je Woche zunächst vier, ab 2006 dann sechs Papiertransportzüge von Golbey/Vogesen nach Offenburg. Beide Bahngesellschaften transportieren ferner schon seit Juni 2005 Kalkzüge zwischen Dugny-sur-Meuse und Sorcy (Frankreich) und den Stahlwerken Völklingen (Saarland) ebenfalls mit Vossloh MaK 1602-Diesellok.

Neue Triebwagen für Connex
Connex erhielt neun neue Triebwagen für die Niederbarnimer Eisenbahn (NEB), die NordOstseeBahn (NOB) und die Nordwestbahn (NWB):
NEB-VT 731 (Bombardier 2005 / 192213/192214/192215)

NEB-VT 732 (Bombardier 2005 / 192216/192217/ 192218)
NEB-VT 733 (Bombardier 2005 /192219/192220/192221)
NEB-VT 734 (Bombardier 2005 / 192222/192223/192224)
NOB-VT 728 (Bombardier 2005 / 192204/192205/192206)
NOB-VT 729 (Bombardier 2005 / 192207/192208/192209)
NOB-VT 730 (Bombardier 2005 / 192210/192211/192212)
NWB-VT 726 (Bombardier 2005 / 192198/192199/192200)
NWB-VT 727 (Bombardier 2005 / 192201/192202/192203)

EVB: V 622.01 am 7.5.2005 in Bremervörde.   EVB-Fotos (3): Dieter Riehemann

CTL Rail

Nach Übernahme des deutschen EVU »Rent a Train« fährt das polnische EVU »CTL Logistics« als »CTL Rail« jetzt auch in Deutschland Güterverkehr, u.a. Kokszüge von Guben in das Ruhrgebiet, Kesselwagenzüge von verschiedenen deutschen Bahnhöfen sowie von Amsterdam nach Polen.

Als Triebfahrzeuge werden von den SBB-Cargo angemietete Elloks Re 421 und Re 482 sowie die Dieselloks ST43R-002 (ex Karsdorfer Eisenbahn 2117) und ST43R-004 (ex Karsdorfer Eisenbahn 2118) eingesetzt.

EVB (Hesedorf-Harsefeld): VT 101 nach Hamburg-Neugraben am 16.9.2005 bei der Ausfahrt aus Kutenholz .

Deutsche Regional-Bahn (DRE)

Auf der an die zwanzig Kilometer langen ex DB-Strecke Dannenberg Ost und Lüchow wurde am 12.4.2005 mit dem von der Prignitzer Eisenbahn geliehenen ex OHE-GDT 516 Planverkehr begonnen.

In Dannenberg Ost besteht Anschluß an die DB AG-Regionalzüge nach Lüneburg.

EVB (Bremervörde-Bremerhaven): VT 107 am 17.9.2005 in Geestenseth.

EVB: *V 410.01 rangiert am 6.5.2005 im Anschluß des ehem. Torfwerks in Heimschenwalde.*   *Foto: Dieter Riehemann*

Eisenbahnen und Verkehrsbetriebe Elbe-Weser GmbH (EVB)

Im März 2005 wurde die fabrikneue Lok 420 11, eine Siemens-Großdiesellok (2005/211146) des Typs EuroRunner (ER 20) in Betrieb genommen. Die 2000 kW starke und 140 km/h schnelle Maschine wird vorwiegend im überregionalen Güterverkehr auf Strecken der DB Netz AG eingesetzt, läuft aber regelmäßig auch das EVB-Bw in Bremervörde an. Ebenfalls Anfang 2005 übernahmen die EVB von der EfW-Verkehrsgesellschaft mbH in Worms eine dreiteilige Schienenbusgarnitur (urspr. DB-Nr. VT 796 828 und VS 996 641 und ex VS 33 der Steiermärkischen Landesbahn, urspr. DB-VS 998 915), die betriebsfähig hergerichtet und dann für Sonderfahrten und den »Moorexpreß« zum Einsatz gelangen soll. Im Herbst 2005 waren die Fahrzeuge noch nicht aufgearbeitet in Bremervörde abgestellt.

Seit 2004 bedienen die EVB auch den Güterverkehr in Bremerhaven-Fischereihafen. Das regelmäßige Aufkommen ist nicht sehr groß. Die Bedienung erfolgt von Bremervörde aus.

Auf der ehemaligen BOE-Strecke fanden mit den bereitgestellten Geldern 2004 und 2005 die dringendsten Oberbausanierungsarbeiten statt. In Hüttenbusch wurde 2005 ein neuer Bahnsteig in Betrieb genommen. Nun können die »Moorexpreß«-Züge auch in Hüttenbusch halten, denn die alte Anlage stand 1978 nach Einstellung des Personenverkehrs der BOE (infolge Überbauung des Geländes durch den Landhandel) nicht mehr nutzbar.

Der Stillegung der Strecken Harsefeld-Hollenstedt und Rotenburg-Brockel hat die Landesaufsichtsbehörde am 18.4.2005 bzw. 24.6.2005 entsprochen. Im Sommer 2005 wurde nun auch das Stillegungsverfahren für den Abschnitt Zeven Süd-Wilstedt der ehem. WZTE mit dem Angebot an Dritte zur Übernahme der Infrastruktur eingeleitet. Hier gibt es aber mindestens einen Interessenten, der die Strecke übernahmen möchte.

Dieter Riehemann

ECCO-Cargo

Dansk Jernbane ApS (DJ; Tochter der Norddeutschen Eisenbahn-Gesellschaft NEG), sammelt in Dänemark Holzgüterwagen und fährt diese nach Flensburg, von wo sie durch die Eisenbahn-Bau- und Betriebsgesellschaft Pressnitztalbahn (PRESS)

ECCO-Cargo: V 2302 der Niederwesenbahn rangiert am 24.8.2004 in einem Holzwerkanschluß in Vöcklamarkt.

Foto: Ingrid Zeunert

übernommen und als ECCO-Cargo-Zug nach Frankental/Oberösterreich befördert werden, wo die Salzburger Lokalbahn (SLB) sie übernimmt.

Zwischen Köln und Salzburg wird der ECCO-Cargo Austria gefahren, der regelmäßig die Güterknoten Darmstadt-Kranichstein, Donauwörth und Augsburg bedient.

PRESS fuhr in Zusammenarbeit mit Railtrans und der tschechischen CD-Cargo erstmals einen ECCO-Cargo-Holztransport von Halle/Saale zu zwei Papierfabriken in Tschechien.

ECCO-Kesselwagenzüge fahren zwischen Werken der chemischen Industrie in Ludwigshafen, Frankfurt-Höchst und Burghausen sowie Kastl/Österreich.

Gefahren wird mit Mietloks aus dem Siemens Lokpool und von Mitsui Rail Capital Europe.

Emsländische Eisenbahn GmbH (EEB)

Durch relativ regelmäßige Holzverladung in Werlte und Sögel (Wagenab- bzw. Wagenanfuhr ab/bis Lathen als Ganzzüge) sowie Rückkehr von Düngemitteltransporten (besonders nach Sögel) auf die Schiene hat die Strecke der ehemaligen Hümmliger Kreisbahn wieder an Bedeutung ge-

wonnen, nachdem sie einige Jahre fast im Dornröschenschlaf gelegen hat.

Seit Januar 2005 fährt die EEB viermal wöchentlich einen Müllzug von Dörpen über die DB AG-Emslandstrecke zur Müllverbrennungsanlage in Salzbergen; in Meppen werden Wagen zugestellt. Lok EMSLAND IV wurde 2005 remotorisiert. Für einige Monate war daher im Sommer 2005 die Lok 3 der Verden-Walsroder Eisenbahn bei der EEB im Einsatz.   *Dieter Riehemann*

Erfurter Industrie-Bahn GmbH (EIB)

Die Erfurter Industriebahn (EIB) hat im Dezember 2004 den SPNV (Regionalbahnen) auf den fränkischen Strecken übernommen, für die sie im Ergebnis einer Ausschreibung im Sommer 2003 den Zuschlag erhielt. Für den Verkehr auf diesem auch »Kissinger Stern« genannten Streckennetz (Schweinfurt-Bad Kissingen-Hammelburg-Gemünden und Schweinfurt-Grimmenthal-Meiningen) erhielten die EIB zehn neue Triebwagen des Typs RegioShuttle (EIB-VT 014-023).

Neben der EIB ist jedoch die DB-Regio auf den meisten der oben genannten Strecken auch weiterhin vertreten, so mit Regionalexpress-Zügen

Emsländische: Lok EMSLAND rangiert am 27.5.2005 in Werlthe.   Foto: Dieter Riehemann

(Zweistundentakt) aus Richtung Würzburg/ Schweinfurt bis Bad Kissingen (mit Verlängerung einzelner Züge bis Hammelburg) und in Richtung Grimmenthal-Erfurt.   *Dieter Riehemann*

Eurobahn
(Alzey - Kirchheimbolanden)

Die einst von der Deutsche Bahn AG betriebene Strecke wird seit einigen Jahren mit zwei Regioshuttle der Eurobahn befahren, die in der Betriebsstelle Morschheim stationiert sind. Diese liegt zwischen Freinsheim und dem Endpunkt und hatte früher einige Bedeutung für den Güterverkehr, hauptsächlich Umschlag von Zuckerrüben und Altpapier.

Im August 2005 boten sich dem Besucher die folgenden Fakten: Ein Regioshuttle ist im Einsatz, das zweite Fahrzeug steht zur Reserve in Morschheim. Daneben fährt DB Regio in der Sommersaison an den Wochenenden zwei Zugpaare. Seit 13.6.2005 werden aus Servicegründen auch montags bis freitags im Berufsverkehr zwei Zugpaare von Mainz durchgehend bis Kirchheimbolanden gefahren. Hierbei handelt es sich um die RE 23124 + 23126,

die ab Alzey als Zug 10125 -10128 unterwegs sind. Dann ist der Regioshuttle in Alzey abgestellt. Auch der seit 12.12.2005 neue Fahrplan sieht die gleichen Verbesserungen vor.

Sämtliche Stationen wurden in letzter Zeit modernisiert und zeitgemäß ausgestattet. In Kirchheimbolanden enden die Gleise am Ortsanfang an einem Haltepunkt ohne weitere Gleisflächen. Hier besteht Anschluß an die Buslinien zur historischen Innenstadt, ferner nach Marnheim und Eisenberg. Zwischen dem neuen Endpunkt und dem alten Bahnhof sind sämtliche Gleise und fast alle Brücken entfernt. Auf dem alten Bahngelände entstanden im August 2005 Gewerbeansiedlungen. Das noch vorhandene Empfangsgebäude beherbergt ein Café.

Von umfangreichen Güterverkehr der 1980er- und 1990er-Jahre blieb nichts übrig. In Wahlheim ist das Gütergleis ausgebaut, in Morschheim befindet sich das Bw. Das dort ansässige Recycling-Unternehmen mit Gleisanschluß transportiert alles über die Straße. Im Industriegebiet von Kirchheimbolanden bestehen ebenfalls einige unbefahrene Gleisanschlüsse, u.a. zu einem Schotterwerk mit Werkslok.   *Joachim Schwarzer*

Eurobahn (Alzey-Kirchheimbolanden): VT 101 am 17.8.2005 in Alzey.　　　　　Foto: Joachim Schwarzer

Hersfelder Eisenbahn

Mit Ablauf des 31.12.1993 stellte die Hersfelder Eisenbahn bzw. Hersfelder Kreisbahn den Personen- und Güterverkehr ein. In der Folgezeit forderten Fahrgastverbände und Umweltpolitiker den Erhalt der Strecke und einen Ausbau in Richtung Vacha und Bad Salzungen, um so eine attraktive Verbindung zwischen der Kreisstadt Bad Hersfeld und Thüringen herzustellen. Ferner wollten Eisenbahnfreunde in Schenklengsfeld ein Freilandeisenbahnmuseum einrichten und Sonderfahrten anbieten. Leider blieb vieles Wunschdenken. Die Hersfelder Eisenbahn mußte nicht nur den schienengebundenen Verkehr aufgeben, auch die von der Bahngesellschaft betriebenen Buslinien gingen vor einiger Zeit an einen Mitbewerber verloren. Das neu erstellte Busdepot stand in der Folgezeit leer und sollte an ein anderes Verkehrsunternehmen abgegeben werden, so der Sachstand Anfang November 2005.

Abgebaut wurden Ende der 1990er-Jahre die Gleise von Bad Hersfeld bis zur Einfahrt von Schenklengsfeld. Der weitere Verlauf bis Heimboldshausen blieb zur Bedienung des Materiallagers am Kalischacht Nippe durch die Deutsche Bahn AG liegen. Von dort bis zum ehemaligen Betriebsmittelpunkt wuchsen die Gleise zunächst zu, und es sah so aus, daß hier kein Zug mehr fahren würde.

Doch nun zeichnet sich eine positive Entwicklung ab. Ein Verein von Eisenbahnfreunden hat diesen Abschnitt übernommen, freigeschnitten und fahrbereit hergerichtet. In Schenklengsfeld stehen im ehemaligen Lokschuppen und in der Triebwagenhalle diverse Fahrzeuge und Kleinloks der Bahnfans abgestellt, ferner befindet sich ein Schienenbus in Aufarbeitung. Im Empfangsgebäude ist ein italienisches Restaurant untergebracht. Gedankengänge der Eisenbahnfreunde sehen Museumsfahrten, ferner zu einem späteren Zeitpunkt die Aufnahme von regulären Personen- und Güterverkehrs vor, wobei ungeklärt ist, was befördert werden soll, denn alle hierfür geeigneten Unternehmen nutzen zur Zeit ausschließlich die Straße.

Hier noch einige Informationen zum einstmals von der Hersfelder Eisenbahn befahrenen Abschnitt zwischen Heimboldshausen, Hattorf und Philippsthal. DB Railion fährt von Heimboldshausen bis Hattorf zur dortigen Kalischachtanlage und wei-

Erfurter: VT 020, VT 023 und VT 018 (von links) am 19.5.2005 in Bad Kissingen. Foto: Dieter Riehemann

ter über die 2000 in Betrieb genommenen An-
schlußbahn zum Kaliwerk Unterbreizbach auf
Thüringer Gebiet. Zwischen Hattorf (ab Kreuzung
B 62/Landstraße nach Unterbreizbach) und
Philippsthal sind die Gleise weitgehend abgebaut.
Im Jahre 1962 war die Strecke zwischen Vacha und
Philippsthal seitens der DDR unterbrochen und
abgebaut worden. Nach der Grenzöffnung am
9.11.1989 gelang es nicht, diese kurze, etwa vier
Kilometer lange Verbindung betriebsbereit her-
zurichten.
Auf Thüringer Seite stellte man im Mai 2001 den
Reisezugverkehr ein, schon ein Jahr zuvor endete
der Güterverkehr wegen der neuen Anschlußbahn
von Hattorf nach Unterbreizbach. Auch im November 2005 waren sämtliche Gleisanlagen in Vacha,
auf der zum 1.9.2000 stillgelegten Kalianschluß-
bahn von dort über Räsa nach Unterbreizbach und
auf der Feldatalbahn von Dorndorf nach Kalten-
nordheim vorhanden und meterhoch zugewachsen. In Vacha erinnern eine kleine Werkslok und
zwei Wagen, die sich in einem sehr schlechten
Zustand befinden und die einem privaten Verein
gehören sollen, an den einstmals umfangreichen
Personen- und Güterverkehr auf Thüringer Seite.
Joachim Schwarzer

Hessische Landesbahn (HLB)

Nach dem Zusammenschluß von Butzbach-Licher-
Eisenbahn (BLE), Kassel-Naumburger Eisenbahn
(KNE) und Frankfurt-Königsteiner Eisenbahn (FKE)
wurden die HLB Hessen Bahn und HLB Hessen Bus
gegründet, die für die Betriebsabwicklung zu-
ständig sind.
Die FKE als Gesellschaft übernahm das Personal,
die Infrastruktur und die Liegenschaften. Eine
Namensänderung ist geplant.
Die Fahrzeugmanagement Region Frankfurt Rhein-
Main (fahma) wird für die Taunusbahn-Strecken
zehn Alstom/LINT 41/H beschaffen sowie die zwan-
zig bei der FKE und beim Verkehrsverband
Hochtaunus (VHT) in Betrieb befindlichen VT2E-
Triebwagen modernisieren.

Häfen und Güterverkehr Köln AG (HGK)

Von Mitsui Rail Capital Europe B.V. kamen die Class
66-Dieselloks HGK-DE 673 (GM-EMD 2003/
20038561-1) und HGK-DE674 (GM-EMD 2003/
20038561-2).
Einige aktuelle Beförderungsdienste:
- Braunkohlestaubzüge für die Schwenk Zement

KG zu deren Werk Allmendingen. Bis Ulm bespannen Elloks die Züge, während von dort Dieselloks Class 66 Zugloks sind.
- Braunkohlestaubzüge von Spreevitz zum Zementwerk Bernburg.
- Braunkohlestaubzüge von Frechen/Rheinland in die Schweiz zum Zementwerk Untervaz/Graubünden. Da die HGK in der Schweiz nicht zugelassen sind, tritt TX Logistik hier als EVU auf.
- Zellstofftranporte vom Unterweserhafen Brake zur Papierfabrik StoraEnso in Hagen. Im Einsatz Dieselloks Class 66.

Hochwaldbahn (HWB)

Die Bahnbetriebswerk Zittau GmbH. (eine Tochtergesellschaft der Hochwaldbahn) hat am 29.11.2004 das Bw Zittau von der DB Services Immobilien gekauft. Das Bw soll die Wartung der Triebwagen der Sächsisch-Böhmischen Eisenbahngesellschaft (SBE; ebenfalls Tochter der Hochwaldbahn) vornehmen. Die Regentalbahn-Triebwagen VT 09 (0&K 1959/320009; ex DB ETA 515 511) und VT 10 (0&K 1959/320010/; ex DB ETA 515 523) wurden von der HWB gemietet. Die auf Dieselmotorantrieb umgebauten ehemaligen Akkutriebwagen wurden und bei der Regental Bahnbetriebs GmbH (RBG) in Viechtach hauptuntersucht. HWB setzt sie als VT 41 und VT 42 zwischen Liberec und Seifhennersdorf ein.

Verkehrsbetriebe Grafschaft Hoya (VGH)

Die VGH setzten ihren bislang nicht mehr benutzten Strecken-

Erfurter: VT 015 + VT 010 am 19.5.2005 in Gemünden (Main).
Foto: Dieter Riehemann

Hersfelder: Das ehem. Bw in Schenlengsfeld am 2.11.2005. Heute sind hier die Museumsfahrzeuge untergestellt. Foto: Joachim Schwarzer

HGK: Winterliches Stimmungsbild einer Class 66-Lok. Foto: Gerald Rumm

HzL: VT 6 am 21.7.1979 zwischen Gammertingen und Hettingen.   Foto: Dieter Riehemann

abschnitt Syke-Heilgenfelde mit gebrauchten ex DB AG-Gleismaterial wieder instand.

Hohenzollerische Landesbah (HzL)

Neu bei der HzL sind die RegioShuttle VT 46 (Stadler, Berlin-Pankow 2005/37398) und VT 47 (Stadler, Berlin-Pankow 2005/37399).

Die MAN-Schienenbusse wurden aus dem Plandienst zurückgezogen. VT 6 (MAN 1962/146631), VS 12 (MAN 1957/143411), VS 13 (MAN 1958/143550) und VB 18 (MAN 1963/150120) wurden an die Draisinenbahn Berlin-Brandenburg für den Einsatz als Touristikzüge verkauft.
Die MAN-Schienenbusse VT 9 + VS 14 + VT 5 wurden zur Überbrückung eines Triebfahrzeugengpasses an die SBB GmbH vermietet.

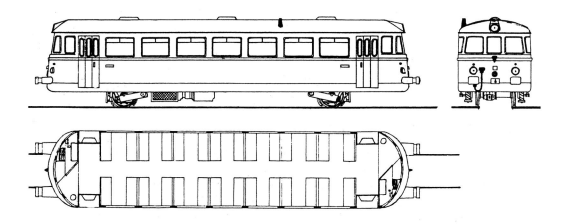

HzL: Typenskizze vom MAN-VT 3.   Zeichnung: Werner Stoss

Kahlgrundbahn: *KVG-VT 2003 und VT 2002 (rechts) am 23.9.2005 in Alzenau.*　　　　Foto: Joachim Schwarzer

InterConnex

Die InterConnex-Linie 1 Rostock– Berlin–Leipzig–Gera wurde am 12.12.2004 bis Adorf/Vogtland verlängert. Mit der Tschechischen Eisenbahn (CD) verhandelt man um eine weitere Verlängerung bis Cheb/Eger.

Der InterConnex 2 fährt auf der Strecke Stralsund-Berlin-Dresden. In Berlin-Lichtenberg besteht Umsteigemöglichkeit auf den InterConnex 1.

Die InterConnex-Verbindung Cottbus-Berlin wurde eingestellt.

Kahlgrund-Verkehrs GmbH (KVG)

Mit einer großen Festveranstaltung konnte die Kahlgrundbahn im Jahre 1998 ihr einhundertjähriges Bestehen feiern. Damit verbunden waren umfangreiche Investitionen in den Schienenverkehr und die Beschaffung neuer Triebwagen. Ab dem Jahr 2000 wurden drei weitere moderne Fahrzeuge vom Typ DESIRO neu gekauft, um den Schienenverkehr für die Zukunft zu sichern. Doch die diesbezüglichen Bemühungen waren für die KVG selbst vergeblich. Aufgrund einer Ausschreibung der Bayrischen Eisenbahngesellschaft bewarb sich

auch die Hessische Landesbahn (HLB), die wegen eines unschlagbar günstigen Angebots den Zuschlag für die künftige Betriebsführung im schienengebundenen Personennahverkehr erhielt. Künftig wird die Butzbach-Licher-Eisenbahn im Auftrag der HLB im Kahlgrund fahren.

Schon in den Achtzigerjahren begann ein umfangreiches Modernisierungsprogramm. So erhielten alle Stationen neue Bahnsteige und ein Fahrgastinformationssystem. Die Buslinien der Verkehrsgesellschaft wurden auf die Fahrzeiten der Züge abgestimmt und übernahmen eine wichtige Zubringerfunktion auf die abseits gelegenen Ortschaften.

Im Dezember 1997 endete der Güterverkehr. Anschließend brach man alle hierfür benötigten Gleisanlagen ab. Betriebs- und Ausweichgleise gibt es heute in Kahl, Alzenau, Michelbach und in Strötzbach, wo ein neuer Kreuzungsbahnhof mit Richtungsbahnsteigen entstanden ist, sowie in Blankenbach und in Schöllkrippen. Anfang 2004 begannen Ausbau- und Modernisierungsarbeiten für die Werkstatt und die Triebwagenhalle in Schöllkrippen. Hierbei vereinfachte man nochmals den Gleisplan des Bahnhofs durch den Ausbau von Weichen im östlichen Bahnhofsbereich.

Kahlgrundbahn: *HLB-VT 301 (links) und KVG-VT 2003 am 10.12.2005 in Schöllkrippen.*   Foto: Joachim Schwarzer

Die Hessische Landesbahn übernahm die seither im Kahlgrund eingesetzten Trieb- und Steuerwagen nicht, sondern entschied sich für den Neuerwerb von sechs Desiro, die fristgerecht vor dem Fahrplanwechsel nach Butzbach Ost geliefert und von dort am 10.12.2005 in den Vormittagsstunden nach Schöllkrippen überführt wurden. Alle KVG-eigenen Fahrzeuge vom Typ NE ´81 (VT 80, 81 und 82, VS 183 und 184), der Regioshuttle VT 97 und die drei Desiro VT 2001-2003 werden andere Interessenten übernehmen. Schon in den letzten Jahren wurden die NE ´81 Fahrzeuge und der RegioShuttle hauptsächlich im Schülerverkehr eingesetzt. Die Züge nach Hanau fuhren planmäßig mit den Desiro. VT 80 ist nach einem Zusammenstoß mit einem Lkw im August 2005 abgestellt worden.

Der ab 11.12.2005 gültige Zugfahrplan sieht einige positive Veränderungen vor. Abends wird jetzt länger gefahren, an Freitagen und Samstagen bis weit nach Mitternacht. Samstags wird von 9.00 bis 15.00 Uhr ein Stundentakt angeboten, und auch an Sonn- und Feiertags gibt es zusätzliche Fahrten, die von der Bevölkerung im Kahlgrund hoffentlich gut angenommen werden.

Am 10.12.2005 bot sich folgendes Bild: Die letzten KVG-eigenen Planleistungen fuhr der VT 2003, während VT 2001 und 2002 in der Fahrzeughalle standen. Bereits in den Vormittagsstunden hatte die Hessische Landesbahn ihre neuen Triebwagen nach Schöllkrippen gebracht und im dortigen Freigelände abgestellt. Die KVG NE ´81-VT 81, 82, VS 183 und 184 sowie der RegioShuttle VT 97 waren bereits nach Butzbach Ost überführt, wo sie für weitere Verwendungszwecke hinterstellt sind. Der verunfallte VT 80 befand sich auf einem Nebengleis in Blankenbach.   *Joachim Schwarzer*

ex Karsdorfer Eisenbahn (KEG)

Nach dem am 12.2.2004 gestellten Konkursantrag lief in Karsdorf der Werkstattbetrieb zunächst weiter, wo u.a. die VTs der Burgenlandbahn gewartet wurden. Auch wurde hier der Anschluß vom Lafarge-Zementwerk sowie in Tröglitz die Anschlüsse Radici und Progas bedient. Außerdem lief der Bauzugbetrieb weiter.

Die von der akf-Leasing gemieteten Loks (0101, 0551, 0552, 0619, 0651, 1111 und 2105 bis 2114) wurden zurückgegeben.

Die KEG-Dieselloks 2101-2104 und die WAB-Diesellok 26, 200 513 und 200 515 wurden an polnische EVU verkauft.

Seehafen Kiel (SK)

Die Hafenbahn hat den DB AG-Rangierbahnhof Kiel-Meimersdorf im Rahmen eines Nutzungsvertrages übernommen.

Landesnahverkehrsgesellschaft Niedersachsen (LNVG)

Die LNVG hatte bei Bombardier bereits 8 Elloks und 40 Doppelstockwagen für den metronome-Verkehr Uelzen-Göttingen bestellt. Nun wurden beim gleichen Hersteller weitere 9 Elloks (Bombardier, Werk Kassel, Typ TRAXX P160 AC2,) und 78 Doppelstockwagen (Werk Görlitz) in Auftrag gegeben, die 2006/2007 geliefert werden sollen. Sie sind für den Regionalverkehr Hamburg-Tostedt und Hamburg-Lüneburg bestimmt.

Südwestdeutsche Verkehrs - AG , Verkehrsbetrieb Waibstadt (Meckesheim-Aglasterhausen-Hüffenhardt)

Der SWEG-Betrieb setzt neben den VT des Typs NE ´81 unverändert MAN-VT und VS regelmäßig (Montag bis Freitag in mindestens einem Umlauf) ein. Dieser Umlauf erbringt auch die meisten Zugleistungen in Richtung Hüffenhardt.

Der Güterverkehr ist inzwischen so gering, daß selbst die zwei Plantage/Woche schon mal ausfallen. Gelegentlich wird (und dann auch in großen Mengen) Holz verladen, besonders in Waibstadt. Das Militärdepot in Siegelsbach, einst Garant regelmäßigen und guten Aufkommens, ist fast völlig von der Schiene weggegangen.

Die Strecke Meckesheim-

Kahlgrundbahn: Links der aus VT ´NE 81 bestehende KVG-Schülerzug und hinten der KVG-VT 2002 als Planzug am 23.9.2005 in Schöllkrippen.

Kahlgrundbahn: HLB-VT 302 für die Kahlgrundbahn am 9.12.2005 an der Wartungshalle in Butzbach Ost.   Fotos (2): Joachim Schwarzer

ex Karsdorfer: Dieselloks KEG 2102 + 2101 am 11.7.1999 vor Kerosinzug in Holthausen (Ems).   Foto: Dieter Riehemann

SWEG Meckesheim: *MAN-VS 142 + VT 9 nach Hüffenhardt am 12.9.2005 bei der Ausfahrt aus Untergimpern.*

Foto: Dieter Riehemann.

SWEG Meckesheim: *VT 120 am 22.11.2005 als Zug nach Aglasterhausen im Bahnhof Meckesheim. Durch die kommende Überspannung mit Fahrleitungen wird sich das Bild der Station stark verändern.* *Foto: Joachim Schwarzer*

SWEG Meckesheim: *VT 9 + VS 142 am 12.9.2005 in Neckarbischofsheim Nord (Hüffenhardter Seite).*
Foto: Dieter Riehemann.

Aglasterhausen hatten die SWEG 1982 für die Dauer von zwanzig Jahren von der DB /DB AG gepachtet. Seinerzeit wollte die DB die Strecke stillegen. Damit wäre auch die abzweigende SWEG-Strecke Neckarbischofsheim Nord-Hüffenhardt vom Schienennetz abgeschnitten worden. Seit Ablauf des Pachtvertrages

SWEG Meckesheim: *MAN-VT 9 und VS 142 kreuzt am 13.9.2005 mit dem NE´81-VT 122 in Waibstadt.* *Foto: Dieter Riehemann*

im Jahr 2002 wird dieser immer nur noch von Jahr zu Jahr verlängert. Grund ist, daß die Strecke Meckesheim-Aglasterhausen in die Rhein-Neckar-S-Bahn einbezogen werden soll.

Aktuell ist vorgesehen, hier ab 2009 mit elektrischen S-Bahn-Zügen der DB AG zu fahren, wobei auch der Infrastrukturbetreiber wieder die DB sein wird. Der SWEG bliebe dann nur noch die Stammstrecke nach Hüffenhardt. Der hier äußerst geringe Personenverkehr (ausgenommen im Schülerverkehr nutzen zur Zeit so zwischen 0 und max. 5 Personen die Züge) sowie ein kaum noch nennenswertes Güteraufkommen geben jedoch zu keinerlei Optimismus Anlaß, an einen Weiterbetrieb dieser Strecke nach Aufnahme des S-Bahn-Verkehrs Richtung Aglasterhausen glauben zu können.

Dieter Riehemann

Metronom

Bei einer Flankenfahrt im Bahnhof Uelzen wurden am 13.3.2005 eine Ellok Baureihe 146 und fünf Doppelstockwagen schwer beschädigt.

SWEG Meckesheim: *Leere Holztransportwagen am 22.11.2005 an der Ladestraße in Hüffenhardt Links das stillgelegte Anschlußgleis zum Landhandel.* *Foto: Joachim Schwarzer*

NIAG: Diesellok 8.

NIAG: Diesellok 9.

NIAG: Diesellok 11.   *Fotos (3): Helmut Müller*

Als Lokersatz stellte Angel Trains Capital (ATC) die eigentlich an die luxemburgische Staatsbahn CFL vermietete 185 524 zur Verfügung. Die metronom-Züge Uelzen-Hamburg-Uelzen mußten mit weniger Wagen gefahren werden, als planmäßig vorgesehen.

Auf der 202 km langen metrom-Strecke Uelzen-Göttingen kommen zum Einsatz 8 Elloks ME 146-11 bis ME 146-18 (TRAXX P 160AC2 / 1642), 8 Doppelstocksteuerwagen und 32 Doppelstockmittelwagen. Gefahren wird im Stundentakt mit einer V/max von 160 km/h.

Mülheimer Verkehrsgesellschaft (MVG)

Es werden Übergabeverkehr Oberhausen-Osterfeld - Mülheim, Schrottransporte Mülheim-Duisburg und Anschlußbedienungen im Hafen Mülheim gefahren. Lokliste:

Lok 1 (MaK 1966/1000356, ex DB 212 309; gemietet)

Lok 8 (Gmeinder 1990/5692; Typ DE500)

Lok 9 (Henschel 1964/30859; Typ DHG 7000)

MaK 1206 BB (VSFT 2001/ 1001129; gemietet von Angel Trains)

Niederrheinische Verkehrsbetriebe AG (NIAG)

Das aus der Moerser Kreisbahn hervorgegangene Unternehmen betreibt die Strecken Moers - Hoerstgen-Sevelen (19 km) und Moers - Orsoy-Rheinhafen - Rheinberg (17 km) im Güterverkehr. Das Transportvolumen beträgt etwa 3 Millionen Tonnen im Jahr. Reger Betrieb wird auf

NIAG: Diesellok 11 rangiert im Vossloh-Werksgelände in Moers.   *Fotos (2): Helmut Müller*

NIAG: Diesellok 3.

NIAG: *Diesellok 2 in Moers-Kreisbahnhof.*

NIAG: *Fahrzeugwerkstatt in Moers.*   *Fotos (2): Helmut Müller*

Niederlausitz: *PEG-VT 21 am 9.10.2005 im Bf. Uckro. Foto: Dieter Riehemann*

der Strecke von Moers nach Orsoy-Rheinhafen sowie von und zur Zeche Niederberg in Vluyn abgewickelt. In Orsoy-Rheinhafen wird Erz vom Schiff auf die Bahn umgeladen und zum Übergabebahnhof Moers gefahren.

Für den Streckendienst werden täglich fünf Dieselloks benötigt Die NIAG-Dieselloks sind auch auf Strecken der DB AG zu finden.

Auf dem Gelände von Moers Kreisbahnhof ist das Vossloh Locomotive Service Center angesiedelt, in dem Vossloh-Dieselloks repariert werden und fünfzig Dieselloks vom Vossloh-Lokpool beheimatet sind. Auch die NIAG-Loks werden hier abgestellt. Im Kreisbahnhof stehen auch On Rail-Loks, die auf Verkauf oder Vermietung warten. Hinter Vossloh hat die NIAG eine Fahrzeugwerkstatt für Güterwagen errichtet.

Der Landkreis Wesel hat 51 % seiner NIAG-Aktienanteile 2004 an die Rhenus Keolis (Eurobahn) verkauft. Mit Sitz in Moers bleibt die NIAG ein eigenständiges Verkehrsunternehmen.

Helmut Müller

Niederbarnimer Eisenbahn (NEB)

Quer durch das neue Revier der Ostdeutschen Eisenbahn GmbH (ODEG) führt die von Berlin-Lichtenberg über Strausberg nach Küstrin/Kostrzyn verlaufende »Ostbahn« (RB 26). Bei der Ausschreibung des SPNV auf dieser Strecke (acht Jahre ab Dezember 2006) ist jedoch nicht die ODEG, sondern die Niederbarnimer Eisenbahn AG (NEB) zum Zuge gekommen. Diese Gesell-

Niederlausitzer: Der von der Prignitzer Eisenbahn geliehene VT 21 (MaK-GTW ex OHE) am 9.10.2005 zwischen Schlepzig und Krugau.
Foto: Dieter Riehemann

schaft wird bereits im Dezember 2005 (für zunächst fünfzehn Jahre) den SPNV auf ihrer »Heidekraut-bahn« (Berlin-Karow - Basdorf-Groß Schönebeck/Schmachtenhagen) übernehmen. Die NEB setzt Talbot-Triebwagen des Typs Talent ein.

Martin Raddatza

Niederlausitzer Eisenbahn (Deutsche Regionaleisenbahn DRE)

Die Infrastruktur der etwa 113 km langen Strecke Beeskow West–Luckau–Uckro Süd–Herzberg-Stadt - Falkenberg (Elster) der ehemaligen Niederlausitzer Eisenbahn ist inzwischen vollständig in Betrieb der DRE, wobei ca. 37 Streckenkilometer zur Zeit. nicht betriebsbereit sind (Beeskow - Groß Leuthen-Gröditsch, besonders wegen demontiertem Abschnitt bei Groß Leuthen-Gröditsch; Hp Alt Herzberg-Falkenberg, wegen Brückenschäden).
Aber auch die befahrbare Infrastruktur liegt wei-testgehend im Dornröschenschlaf. Sporadisch gibt es mal Holzverladungen auf Stationen links und rechts von Lübben sowie Reisesonderzüge. Der re-gelmäßige Wochenendausflugsverkehr hatte in der Vergangenheit immer wieder mit Schwierig-keiten zu kämpfen, sei es durch Probleme mit den Triebfahrzeugen oder durch Mängel an der Infrastruktur. Auch die für 2005 von der DRE an-gekündigte Fahrten fanden so nicht statt. Der Oberbau der befahrbaren Streckenteile ist weit-gehend in einem ansehnlichen Zustand, die üp-pige Vegetation läßt aber vor allem die Bahnhofs-anlagen, die nicht privat genutzt oder gepflegt werden, verwildern. Extremes Beispiel: Der einsti-ge NLE-Betriebsmittelpunkt mit Bw in Luckau.

Dieter Riehemann

Nordost-Hessen-Netz

HLB (Hessische Landesbahn) und HHB (Hamburger Hochbahn) betreiben ab Dezember 2006 für zehn Jahre folgende Strecken im Personennahverkehr:
KBS 351: Göttingen-Kassel-Bebra-Fulda
KBS 613: Göttingen-Eschwege-Bad Hersfeld
KBS 605: Bebra-Eisenach
Für diese Verkehrsleistungen wurden bei Stadler-Pankow 14 drei- und 6 vierteilige Triebwagen vom Typ FLIRT (Flinker Leichter Innovativer Regional Triebwagen) bestellt.

NordOstseeBahn (NOB)

Der Verkehrsvertrag mit der Connex-Tochter für die Strecke Niebüll-Tondern wurde bis 2010 ver-längert.
Nachfolgend eine Triebwagenübersicht:

NordOstseeBahn: VT 601 am 27.5.2003 in Bordesholm.

NordOstseeBahn: VT 303 (links) und VT 308 kreuzen am 25.5.2003 in Tönning.

Nordwestbahn (Bielefeld-Paderborn): VT 701 am 18.5.2004 in Sennestadt.

Fotos (3): Dieter Riehemann

NOB-VT 301 THEODOR MOMM-SEN (Alstom 2000/2000-301a/b; LINT)

NOB-VT 306 FERDINAND TÖNNIES (Alstom 2000/2000-306a/b; LINT)

VT 701 (Alstom 2001/2001-701a/b; LINT; Leihfahrzeug)

VT 721 (Bombardier 2004/191811-191812-191813; ex NWE)

WEG-VT 411 (Waggon Union 1981/30902; NE ´81; Leihfahrzeug; nach Unfall schadhaft in Niebüll abgestellt)

Nordwestbahn GmbH (NWB)

Die Landesnahverkehrsgesellschaft Niedersachsen (LNVG) hat in Zusammenarbeit mit den zuständigen ÖPNV-Trägern in Bremen und NRW den seit 2000 bestehenden und 2005 auslaufenden Vertrag mit der NWB über den Betrieb des SPNV auf den Strecken Osnabrück-Oldenburg-Wilhelmshaven, Osnabrück-Vechta-Bremen und Sande-Esens im Rahmen der freihändigen Vergabe um zwölf Jahre verlängert.

Die NWB sollte Ende 2005 vier neue LINT 41-Triebwagen aus der Bestellung der LNVG (Fahrzeugpool) erhalten. Ob die NWB damit auf die letzten noch eingesetzten Desiro-VT verzichten kann und damit nur noch LINT- und Talbot-VT im Einsatzbestand hätte, bleibt abzuwarten.

Die NWB erhielt, zunächst ohne Ausschreibung und dann als Ergebnis der Ausschreibung für den Zeitraum bis 2013 die Zugleistungen auf dem reaktivierten niedersächsischen Abschnitt des sogenannten »Haller Wilhelm« zwischen Osnabrück und Dissen-Bad Rothenfelde.

Im September 2005 wurde von

NWB (Münster-Bielefeld): VT 710 (links) und VT 707 kreuzen am 7.5.2004 in Teltge.
Fotos (3): Dieter Riehemann

NWB: Durch den Landkreis Vechta aufgestellte Schilder an technisch nicht gesicherten Bahnübergängen, hier bei Neuenkirchen (Oldenburg).

den Aufgabenträgern entschieden, daß die NWB ab Dezember 2006 den SPNV auf dem sogenannten Emscher-Münsterland-Netz in NRW übernimmt. Es handelt sich um die Strecken
- Borken-Dorsten-Essen (bis 2018)
- Dortmund - Castrop-Rauxel – Dorsten (bis 2008)
- Dorsten-Coesfeld (bis 2018)
Voraussichtlich werden hier Talbot-VT eingesetzt werden. Es ist auch davon auszugehen, daß hier mindestens ein Werkstattstützpunkt eingerichtet wird, da die zentrale Werkstatt am Unternehmenssitz in Osnabrück doch recht weit entfernt ist.

Dieter Riehemann

Osthannoversche Eisenbahnen AG (OHE)

60023 (MaK 1959/600158; 650D) wurde im Juli 2005 verschrottet.
60022 (MaK 1959/600157; 650D)

NWB (Bielefeld-Dissen-Bad Rothenfelde): VT 718 am 22.5.04 in Steinhagen.

NWE (Bielefeld-Detmold-Altenbeken): VT 704 am 27.3.2004 in Altenbeken.

Osthannoversche Eisenbahnen: Diesellok 60022 am 20. April 1977 im Endbahnhof Soltau Süd. Sie ist heute die letzte Stangendiesellok der OHE. Foto: I. Zeunert

ist damit als letzte Stangendiesellok der OHE im Bestand. Leihlok 185534 (Bombardier 2004/33643) fährt OHE-Rot lackiert (»Red Tiger«) mit der seitlichen Beschriftung »Osthannoversche Eisenbahnen - Wir fahren für LTH Transportlogistik GmbH«. Die Lok wird im Containerdienst zwischen Nord- und Süddeutschland eingesetzt.

Eine Leihlok vom Typ MaK 2000-3 (Vossloh 2003/ 1001460) war ohne OHE-Betriebsnummer eingesetzt und wurde durch den Neuzugang 330094 (ADtranz 1996/33293; Prototyp-Blue Tiger; vorher von Angel Trains Cargo an NIAG - dort Lok 7 - verliehen) ersetzt.

120051 (MaK 1959/1000016; 1200D) wurde verkauft und wird jetzt von HSL-Logistik im Bauzugdienst verwendet.

120054 (MaK 1963/1000156; 1200 D) ging an die Dampflokfreunde Salzwedel (DLFS), die sie einige Zeit an HSL-Logistik vermietet hatten. Die Lok wurde mittlerweile an den Hafen Halle verkauft, wo sie unter dem Namen POSEIDON eingesetzt wird.

Im November und Dezember 2005 fuhr die OHE mit einer »Red Tiger«-Lok Zuckerrüben-Containerzüge von Kiel-Ostuferhafen zum Hafen Uelzen, wo eine ausreichend große Lagerfläche für die Zuckerfabrik vorhanden war.

Südwestdeutsche Verkehrs AG (SWEG) Ortenau-S-Bahn (OSB)

Sechs neue RegioShuttle RS1 sind zur Bedienung der Strecke Freudenstadt-Hausach in Betrieb genommen worden:
VT 527 WOLLACH (Stadler 2005/37392)
VT 528 SCHILTACH (Stadler 2005/37393)
VT 529 SCHENKENZELL (Stadler 2005/37394)
VT 530 FREUDENSTADT (Stadler 2005/37395)
VT 531 ALPIRSBACH (Stadler 2005/37396)
VT 532 LOSSBURGER FERIENLAND (Stadler 2005/37397)

Verkehrsgesellschaft Landkreis Osnabrück GmbH (VLO)

VLO-Stammbahn (ex Wittlager Kreisbahn)
Auf der VLO-Stammstrecke ging 2004 das neue Anschlußgleis der Firma AGRO in Wittlage in Betrieb, das zwischen Wittlage und Rabber vom Streckengleis abzweigt. Der Anschluß soll mindestens 20.000 Tonnen Güter im Jahr bringen, und der Verkehr ist auch gut angelaufen. Wittlage wird jetzt mindestens morgens regelmäßig vom VLO-Güterzug angefahren. Es ist nicht ganz aussichts-

los, daß sich auch im ehemaligen Bundeswehrgelände im Preussisch Oldendorf eine Firma ansiedelt, die Wert auf Schienenanbindung legt.

Wenn auch der Kreistagsbeschluß von 1997, die Schieneninfrastruktur der ehemaligen Wittlager Kreisbahn bis spätestens 2001 aufzugeben, vom Tisch ist, hat sich dadurch natürlich nicht das Problem des auf Teilabschnitten arg abgängigen Oberbaus erledigt. So ist seit 1996 schon die Strecke Preussisch-Oldendorf – Holzhausen-Heddinghausen für den öffentlichen Personen- und Güterverkehr und die Strecke Bohmte Ost-Schwegermoor seit dem 1.1.2000 für den Personenverkehr gesperrt. Ende August 2004 fand nun wegen Infrastrukturschäden auch der Güterverkehr zwischen Bohmte-Bruchheide und Schwegermoor ein (vorläufiges?) Ende. Das Torfwerk in Schwegermoor ist nämlich durchaus noch Bahnkunde und an der Schienenanbindung interessiert. Ob das aber die kurz- bis mittelfristig ohnehin nicht zu umgehende Komplettsanierung einer ca. 10 km langen Strecke rechtfertigen kann, darf bezweifelt werden. Bis 1963 führte die Strecke über Schwegermoor hinaus sogar bis Damme.

Strecke Osnabrück - Dissen-Bad Rothenfelde (»Haller Wilhelm«)

Nach knapp einjähriger Bauzeit wurde die einstige DB-Nebenbahn Osnabrück – Dissen-Bad Rothenfelde wieder, nun unter VLO-Regie, in Betrieb genommen. Seit dem 12.6.2005 fahren hier die TALENT-VT der Nordwestbahn (NWB) im Stundentakt, und zwar durchgängig zwi-

VLO/Wittlager: VL 1 am 9.7.2004 in Bad Essen.

VLO/Wittlager: VL1 bedient am 10.9.2004 einen Anschluß in Wittlage.

VLO/Haller Wilhem: Lok des Gleisbauunternehmens Martin Rose am 4.3.2004 zwischen Kloster Oesede und Wellendorf. Fotos (3): Dieter Riehemann

VLO/Haller Wilhelm: *NWB-VT 707 am 17.6.2005 in Oesede.* Foto: Dieter Riehemann

schen den Nachbargroßstädten Bielefeld und Osnabrück. Die NWB waren bereits als EVU auf dem (weiterhin von der DB Netz AG betriebenen) Streckenteil Dissen-Bad Rothenfelde – Bielefeld tätig.

Auf der Strecke Osnabrück – Dissen-Bad Rothenfelde war bereits 1984 der Personenverkehr eingestellt worden. Der Güterverkehr zog sich in Etappen zurück und endete 1993. Danach gab es viele Diskussionen über die Zukunft/Reaktivierung der Strecke. Ende 1999 wurden sich dann Stadt- und Landkreis Osnabrück mit der DB AG einig und pachteten die Strecke auf dreißig Jahre ab dem 1.1.2000. Der Betrieb der Infrastruktur wurde der landkreiseigenen VLO (hervorgegangen aus der Wittlager Kreisbahn) übertragen. Ende 2000 entschied das Land Niedersachen, daß die Strecke (übrigens als einzige in diesem Bundesland) für den SPNV reaktiviert werden soll und sich das Land an den Kosten der Wiederherstellung der Infrastruktur zu 75 % beteiligt.

Die Bauarbeiten begannen Anfang 2004. Auf weiten Strecken wurde der Oberbau komplett erneuert. Alle öffentlichen Bahnübergänge wurden, sofern nicht aufgehoben oder zu reinen Fußwegen mit Umlaufgittern umgebaut, technisch gesichert. Die Station Wellendorf wurde als Kreuzungsbahnhof (mit elektronischem Stellwerk -ESTW-)

eingerichtet. Alle übrigen Stationen (Osnabrück-Sutthausen, Oesede, Kloster Oesede und Hilter) sind nur noch als Haltepunkte mit modernen Bahnsteig- und Serviceeinrichtungen (und in Oesede und Kloster Oesede auch nicht am alten Bahnhofsstandort) wieder aufgebaut. Die Signaleinrichtungen werden im Auftrag der VLO durch die Betriebszentrale der NWB in Osnabrück-Hafen gestellt und überwacht. Die Gesamtinvestitionen beliefen sich auf ca. 16 Mio EURO.

Wenn auch die Eröffnungsfeiern riesige Menschenmassen an die Stationen und in die Züge lockten, waren die Fahrgastzahlen in den ersten Wochen des Alltagsbetriebs etwas ernüchternd. Die zunächst schwache Besetzung der Züge bestätigte die Kritiker, »...es ja von Anfang an gewußt zu haben, daß...«. Es war sicher nicht sehr geschickt, daß erst kurz vor Inbetriebnahme Klarheit über die tarifliche Einbindung der Züge in den ÖPNV-Gemeinschaftstarif (bisher nur Bus) des Südkreises Osnabrück bzw. des Stadtverkehrs Osnabrück und Übergang in den Verbundtarif in Ostwestfalen-Lippe herrschte. So stieg denn auch mitten im Monat jedenfalls kein Zeitkarteninhaber vom Bus auf den Zug um. Die Besserung der Auslastung begann dann aber im Juni 2005 und setzt sich seither laufend mit Steigerungsraten fort. Auch der Schülerverkehr hat nach den Sommerferien die

Züge »entdeckt«. Die prognostizierten 3600 Fahrgäste/Tag dürften allerdings im Jahr 2005 noch nicht erreichbar gewesen sein. Es sind sicher noch Verbesserungen hinsichtlich Tarifgestaltung (warum der Gemeinschaftstarif mit Einschluß der Zugnutzung teurer ist wie die reine Busnutzung, bleibt rätselhaft) sowie Abbau paralleler Busverkehre hin zu Zu-/Abbringerlinien erforderlich.

Dieter Riehemann

Ostdeutsche Eisenbahn GmbH (ODEG)

Die 2002 von der Hamburger Hochbahn AG (HHA) und der Prignitzer Eisenbahn-Gesellschaft (PEG) gegründete ODEG führt seit Mitte Dezember 2002 in Mecklenburg-Vorpommern den Schienenpersonennahverkehr (SPNV) auf den Strecken Hagenow-Karow-Neustrelitz und Neustrelitz Süd-Mirow durch. Für den Betrieb auf dem 175 km langen Netz wurden von Stadler sieben Dieseltriebwagen des Typs RegioShuttle RS 1 beschafft (VT 650.51 bis 650.57, Baujahr 2002). Seit Mitte Dezember 2004 rollen die gelb-weiß-grünen Triebwagen der ODEG auch auf dem sogenannten Ostbrandenburgnetz. Die ODEG hat von der DB Regio den SPNV auf folgenden vier Strecken übernommen:
Berlin-Lichtenberg - Tiefensee (OE 25)
Berlin-Lichtenberg - Beeskow-Frankfurt/Oder (OE 36)
Berlin-Lichtenberg - Eberswalde-Frankfurt/Oder (OE 60)
Eberswalde-Templin (OE 63).
Für diese Aufgaben wurden weitere 25 RegioShuttle RS 1 in Dienst gestellt (VT 650.58 bis

ODEG: VT 650.61 und VT 650.82 am 5.8.2005 westlich von Beeskow (Ostbrandenburgnetz). Foto: Martin Raddatz

ODEG: VT 650.56 am 21.5.2005 in Lübz. Fotos (2): Dieter Riehemann

ODEG: VT 650 73 am 26.5.2005 in Müllrose.

ODEG: *VT 650.61 (links) und VT 650.61 kreuzen am 23.5.2005 in Friedersdorf.*   Foto: Dieter Riehemann

650.82, Stadler Pankow Baujahr 2004, 2 x 257 kW). Für die Wartung dieser Fahrzeuge ist von dem ODEG-Tochterunternehmen Ostdeutsche Instandhaltungs GmbH (ODIG) Anfang Oktober 2005 eine neue Betriebswerkstatt in Eberswalde eröffnet worden. Diese verfügt über zwei Arbeitsstände und 440 m nutzbare Gleislänge.

Sieben Mitarbeiter kümmern sich um die Wartung, Betankung, Reinigung und Bereitstellung der Triebwagen für das Ostbrandenburgnetz.

Martin Raddatz

Ostseelandverkehr GmbH (OLA)
(Ostmecklenburgische Eisenbahn-
Gesellschaft mbH und
Mecklenburg-Bahn GmbH)

Im Frühjahr 2005 fusionierten die beiden vorwiegend in Mecklenburg-Vorpommern tätigen EVU Ostmecklenburgische Eisenbahn und Mecklenburg-Bahn zur Ostseelandverkehr GmbH (OLA). An dem neuen Unternehmen ist Connex (bisher OME) zu 70 % und die Nahverkehr Schwerin (bisher MEBA) zu 30 % beteiligt. Die bisherigen Firmennamen sollen als »Markennamen« erhalten bleiben.   *Dieter Riehemann*

Ostertalbahn e.V. (Ottweiler-Schwarzerden)

Infrastrukturbetreiber ist der Landkreis St. Wendel. Genutzt wird die Strecke von den Museumszügen des Arbeitskreis Ostertalbahn e.V. Relativ spät (1937/38) wurde diese Bahnverbindung gebaut. In Schwarzerden entstand ein Bahnknoten. Hier trafen die Strecken von Türkismühle über Freisen sowie von Altenglan über Kusel auf die Verbindung von Ottweiler. Der Abschnitt zwischen Freisen und Schwarzerden mußte wegen Kriegsschäden eingestellt werden, und nach Stillegung der Verbindung in Richtung Kusel ist dort ein Rad- und Wanderweg entstanden. Die Gleistrasse nach Freisen ist heute noch abschnittsweise auszumachen. In Glanzzeiten verkehrten bis zu zwanzig Reisezugpaare, die die Pendler aus dem Ostertal zu den Kohlengruben und Eisenwerken in das Saarland und wieder in die Heimat brachten. Doch das ist alles Geschichte. 1980 endete der zuletzt spärliche Personenverkehr mit Schienenbussen.

Im Jahre 2001 gab man im Rahmen des Konzeptes »Mora C« auch den Güterverkehr auf. Zuletzt wurde nur noch ein Anschließer in Schwarzerden bedient, bei allen übrigen Stationen waren die Gütergleise bereits abgebaut.

Als sich das Ende für diese Nebenbahn abzeichnete, kamen 1998 Freunde der Ostertalbahn zusammen, um sich unter dem Motto »Bahn erhalten - Region gestalten« für den Erhalt der Gesamtstrecke einzusetzen. Am 27.11.1999 wurde der Arbeitskreis Ostertalbahn e.V. gegründet. Dem Verein gelang es mit tatkräftiger Unterstützung der Kommunen und des Landkreises die Strecke zu erhalten und einen Museumsverkehr aufzuziehen. Die vereinseigenen Züge werden in der Regel mit einer Köf III bespannt, wobei gelegentlich auch Lokomotiven befreundeter Vereine zum Einsatz kommen. An den saisonalen Betriebstagen werden zwischen 09.15 Uhr und 19.40 Uhr jeweils drei Zugpaare angeboten, die auf der Gesamtstrecke unterwegs sind. Mitgebrachte Fahrräder werden hierbei kostenlos befördert.

Die Strecke beginnt am eigenen Bahnsteig den Gleisanlagen des DB-Bahnhofs von Ottweiler gegenüber. In nordöstlicher Richtung geht es stets bergan dem Endpunkt entgegen. Alle Unterwegsstationen sind sehr gepflegt und ohne Neben- und Gütergleise. Die umfangreichen Gleisanlagen des Bahnhofs Schwarzerden, der sich ebenfalls in einem Topzustand befindet, zeugen noch von der früheren Bedeutung dieser Station. Hier sind eine Vielzahl an Wagen abgestellt, die ihrer weiteren Verwendung oder Aufarbeitung entgegensehen.

Die im Museumsverkehr eingesetzten Loks und Wagen sind gegen Vandalismus gesichert auf einem Werksgelände in Schwarzerden geschützt abgestellt.

Joachim Schwarzer

ODEG: *VT 650.51 am 21.5.2005 in Neustadt-Glewe.   Foto: Dieter Riehemann*

Ostertalbahn: *Bahnhof Schwarzerden am 2.10.2004 mit Pfalzbahn-Triebwagen-Sonderzug.   Fotos (2): Joachim Schwarzer*

Ostertalbahn: *Köf II des Museumszuges am 2.10.2004 in Schwarzerden.*

Prignitzer: *PEG-VT 650.02 am 20.4.2005 in Meyenburg.* Foto: Martin Raddatz

Verkehrsbetriebe Peine-Salzgitter (VPS)

Die seit 1995 fahrenden Abraumganzzüge vom ex-Kaliwerk Ronnenberg zum ex-Salzbergwerk Wittmar/Asse wurden eingestellt, da Wittmar voll verfüllt ist und keinen Abraum mehr aufnehmen kann.

Für den Containerverkehr von Salzgitter-Beddingen nach Bremerhaven nahmen die VSP die Ellok 5601 (Mietellok 185 530 von Angel Train Cargo) in Betrieb. Zwischen Duisburg-Hochfeld Süd und Peine werden Stahlblöcke transportiert.

Von LHB-Alstom werden in Salzgitter gebaute neue Triebwagen mit VPS-Dieselloks an Abnehmer überführt.

Prignitzer Eisenbahn GmbH (PEG)

Weil wir aus Platzmangel in DK 13 die Prignitzer Eisenbahn in unseren Kurzberichten nicht berücksichtigen konnten, reicht unsere Dokumentation über die PE teilweise etwas weiter zurück.

Die RegioShuttle VT 650.01-08 (Stadler 2003/37272-37279) hatten bis Frühjahr 2004 den gesamten Verkehr im »angestammten« PEG-Bereich auf den Strecken Pritzwalk-Putlitz, Meyenburg-Pritzwalk-

Neustadt (Dosse) sowie Neustadt (Dosse)-Neuruppin übernommen und die ex DB-Schienenbusse verdrängt. Die Wartung der RegioShuttle erfolgt im neuen PEG-Betriebswerk Meyenburg (ex DR-Dampflokwerk), das im Frühjahr 2004 bezogen wurde und den Standort Putlitz im wesentlichen ersetzte.

Die Schienenbusse und gegebenenfalls die MaK-GDT blieben zunächst in Putlitz stationiert. Allerdings waren für die Schienenbusse planmäßig bis auf weiteres nur noch die für die DB AG gefahrenen Zusatzleistungen zwischen Pritzwalk und Wittstock verblieben. Hierfür war Montag bis Freitag umlaufmäßig ein Solo-VT erforderlich.

Die seit Frühjahr 2004 zu 90 % dem britischen Verkehrskonzern Arriva gehörende PEG-Holding (Prigniter Eisenbahn, PE-Cargo, ImoTrans Lokvermietung, 50 % Beteiligung an Ostdeutsche Eisenbahngesellschaft ODEG, Beteiligung am Ostmecklenburgischen Bahnwerk in Neustrelitz) hat zum 12.12.2004 den Schienenpersonennahverkehr auf der Strecke Dortmund-Coesfeld-Gronau-Enschede/Niederland mit den über die Leasingfirma Angel Trains Europe beschafften elf TALENT-Triebwagen (VT 643.08-643.18) übernommen.

Am 26.7.2005 stieß im Bahnhof Gladbeck West

Prignitzer: PEG-Loks 212 054 und 212 354 am 15.3.2005 in Wittstock (Dosse). Foto: Dieter Riehemann

PEG-VT 643.05 (Bombardier 2003/191745+ 191746+191747) bei einer Flankenfahrt mit der Transport-Schienen-Dienst GmbH (TSD)-Diesellok 212 325 (MaK 1966/1000372) zusammen. Zum Glück gab es nur eine leicht verletzte Reisende, aber einen Sachschaden von mehr als einer Million EURO.

Die PE Cargo hatte im September 2004 die Traktion des Railion-Güterzugpaares zwischen Wustermark und Wittstock übernommen. Der meistens gut ausgelastete Zug ist regelmäßig mit zwei der von PE Cargo (bzw. deren Tochter ImoTrans) bei Alstom Stendal beschafften drei ex DB-212 (212 314, 212 279 und 212 054) bespannt und fährt über Neustadt(Dosse)-Kyritz und Pritzwalk. Das Hauptaufkommen bringt ein Anschließer in Liebenthal bei Wittstock. Bei Bedarf bedient die zweite Lok von Pritzwalk aus auch das Industriegebiet in Falkenhagen (Strecke Pritzwalk-Meyenburg).

Beim Ostmecklenburgischen Bahnwerk in Neustrelitz wurden von den aus Griechenland zurückgekauften ex DB-Dieselloks BR 221 mittlerweile die 221 117, 221 122 und 221 136 (für PEG-Tochter ImoTrans; von der an Osthavelländische Eb. vermietet) wieder aufgearbeitet.

PEG-Dampflok D1 PRITZWALK (Henschel 1912/ 10802) bestand am 27.5.2004 die Abnahmeuntersuchung. Sie soll vor Touristenzügen eingesetzt werden. *Dieter Riehemann*

Nachfolgend eine Übersicht über die Situation in der Prignitz im Mai 2004 (PEG und Tochtergesellschaften).

Am 9.5.2004 waren in Putlitz die Schienenbusse T1-T4,T6,T7,T10,T11 und S1 anzutreffen, wobei T6 für einen abendlichen Einsatz vorbereitet wurde. Von den vier aus Italien zurückgeholten Großraumtriebwagen wurde von der PEG kein einziger eingesetzt:

PEG VT 20: MaK 1955/513, ex OHE-GDT 0520, ex ALn 2460; Verkauf an Vossloh, Kiel.

PEG VT 21: MaK 1955/509, ex OHE-GDT 0516, ex Aln 2457; seit 20.5.2004 an Vulkan-Eifel-Bahn vermietet (Sommerverkehr Gerolstein-Daun-Kaisersesch/Eifel).

-: MaK 1955/515, ex OHE-GDT 0522, ex Aln 2461; unaufgearbeitet am Lokschuppen Putlitz abgestellt.

-: MaK 1955/510, ex OHE-GDT 0517, ex Aln 2458; Schrottplatz Stolz, Putlitz.

Auf dem Schrottplatz der Firma Stolz in Putlitz (mit Gleisanschluß an die PEG-Strecke) fanden sich folgende Fahrzeuge:

PEG: *T5 am 15.3.2005 in Pritzwalk Kleinbahnhof.* *Foto: Dieter Riehemann*

PEG: *V 200.05+01+03 (+ 06 ganz hinten) am 9.5.2004 In Meyenburg vor dem Export nach Polen.* *Fotos (2): Martin Raddatz*

PEG: *ODEG-VT 650.66 nach seiner Abnahme am 31.7.2004 in Putlitz.*

Aln 2458 (s.o.). PEG V 60.06 und eine V 60D-Werkslok. PEG V 25.01 (ME 1961/283; B-dh, Typ Bern; ex MEG Plettenberg). Zwei LKM-Werksloks V10B (o.ä.). OSE 426 (ex 221 127) mit ausgebrannten Maschinenraum.

Vom 20.6. bis 8.8.2004 wurde auf der Strecke Meyenburg-Plau-Karow an den Wochenenden ein Ausflugsverkehr (fünf Zugpaare) angeboten. Der Personenverkehr auf dieser Strecke war zum 23.9.2000 abbestellt worden. In Karow bestand die Möglichkeit in die RegioShuttle der ODEG umzusteigen (Strecken Hagenow-Land - Karow-Neustrelitz und Neustrelitz Süd-Mirow).

In Meyenburg war am 9.5.2004 viel »Schwermetall« zu sehen. Die »Taigatrommeln« V 200.01, 03, 05 und 06 wurden hier zusammengezogen, um am 1.6.2004 mit den V 200.04, 07 und 09 zu einer polnischen Privatbahn überführt zu werden.

Vorhanden waren ferner die abgestellten Loks OSE 423 (ex 221 145), OSE 419 (ex 221 124) und 228 104 sowie die aus Berlin-Spandau hierher geholten LH-Airport-Express-Fahrzeuge 403 003/004 und 403 005/006. Sie waren auch am 31.7.2004 noch vorhanden.

Martin Raddatz

Die PEG betreibt in Nordrhein-Westfalen die Strecken: RB 36 Oberhausen Hbf.- Duisburg-Ruhrort, RB 44 Oberhausen Hbf.-Bottrop-Dorsten und RB 51 Dortmund-Gronau-Enschede (NL) Auf der RB 36 werden zweiteilige TALENT (Bombardier) und auf der RB 44 dreiteilige TALENT eingesetzt. Für die RB 51 wurden elf dreiteilige TALENT von Angel Train International geleast.

Helmut Müller

Prignitzer (Pritzwalk-Neustadt): *212 354 + 212 054 am 15.3.2005 zwischen Bölzke und Blumenthal.*

Fotos (5): Dieter Riehemann

PEG (Pritzwalk-Meyenburg): *VT 650.01 am 15.3.2004 in Falkenhagen.*

PEG (Dortmund-Enschede): *VT 643.08 am 27.12.2004 in Ahaus.*

PEG (Dortmund-Enschede): *VT 643.10 und DB AG-Talent (rechts) am 27.12.2004 in Coesfeld (Westf.).*

PEG (Dortmund-Enschede): *VT 643.11 am 27.12.2004 in Legden.*

Regiobahn: *VT 1008 im August 2005 in Neuss.* Foto: Helmut Müller

Regionale Bahngesellschaft Kaarst-Neuss-Düsseldorf-Erkrath-Mettmann« (Regiobahn)

Der Verkehrsverbund Rhein-Ruhr (VRR) verlängerte mit dem EVU Regionale Bahngesellschaft Kaarst-Neuss-Düsseldorf-Erkrath-Mettmann« den Verkehrsvertrag für die Strecke S 28 Kaarst-Düsseldorf-Mettmann bis 2008. Der Verkehr wird von Regiobahn mit zwölf TALENT-Triebwagen durchgeführt.

Regionalverkehr Münsterland GmbH (RVM) -Tecklenburger Nordbahn-

Nachdem Lok 28 bereits seit längerer Zeit und auch bis auf weiteres bei der WLE eingesetzt wird, ist neben der RVM-eigenen Lok 45 immer eine Leihlok einer WVG-Bahn (WLE oder RLG) beim RVM. Im Sommer 2005 war das die WLE-Lok 36.

Dieter Riehemann

RVM Tecklenburger: *WLE-Lok 36 vor RVM-Güterzug am 8.9.2005 zwischen Recke und Oberespel.* Foto: Dieter Riehemann

Rhein-Sieg-Eisenbahn GmbH (RSE)

Am 30.9.2004 war seit längerer Zeit mal wieder ein aus zwei Wagen bestehender Güterzug auf der Industriebahn Beuel-Hangelar unterwegs.

Mit dem frisch hauptuntersuchten MAN-Triebwagen VT 23 an der Spitze war der Zug auf dem Weg von Troisdorf zur Firma Lafarge Refractories GmbH (Hersteller feuerfester Steine) in Sankt Augustin-Hangelar, wo die Verladung im kürzlich reaktivierten Gleisanschluß stattfand. Die beladenen Wagen wurden dann in Troisdorf an die Railion Deutschland AG übergeben und

RSE: *VT 23 mit zwei Schiebewandwagen.* Foto: Rainer Bohnet/pr.

von dort in die Ukraine weiterbefördert. Diesellok 364-CL428 (1959/ 600186; ex DB 364 428) ist neu bei der Bahn. Sie rangiert vor allem am DB AG-Autozugterminals in Troisdorf. Außerdem ist bei der RSE die 212-CL326 (MaK 1966/1000373; ex DB AG 212 326) im Einsatz. *RB/pr.*

Rheinland-Pfalz-Eisenbahn (RPE)
Bahngesellschaft Waldhof (BGW)
BASF-Werksbahn
Hunsrück-Querbahn Langenlonsheim-
Simmern-Morbach-Hermeskeil

Mit Ablauf des 31.5.1997 hatte seinerzeit die DB AG ihr Engagement im Hunsrück beendet und den verbleibenden Güterverkehr an die RPE und die Bahngesellschaft Waldhof übergeben. Von dieser Maßnahme erhoffte man sich eine Verkehrssteigerung und mehr Attraktivität für die örtlichen Kunden. Diese Hoffnungen haben sich jedoch nie erfüllt.

Am 31.12.1997 endete der Betrieb zwischen Morbach und Hermeskeil. Hier fuhren in den letzten Jahren ausschließlich Sonderzüge. Aufgrund eines Verfahrensfehlers erfolgte die tatsächliche Einstellung aber erst im darauffolgenden Sommer 1998. Danach gab es Gedankengänge zu Museumsfahrten auf diesem Teilstück, die aus verschiedenen Gründen nie zustande kamen. In der Zwischenzeit ist dieser Streckenabschnitt wegen des üppigen Vegetationsbewuchses und div. Gleisschäden unbefahrbar. 2004 prüfte man, ob hier Draisinenfahrten möglich sind. Entscheidungen hierzu sind aber (noch) nicht gefallen.

Wegen gravierender Oberbaumängel mußte im Herbst 1999 der Zugverkehr zwischen Stromberg und Morbach kurzfristig eingestellt werden, was die noch vorhandenen Güterkunden sehr verunsicherte und zu einer verstärkten Verlagerung der Transporte auf die Straße führte. Eine kurzzeitig erfolgte Reparatur der Gleise konnte den Abwärtstrend nicht aufhalten. Besonders die Bundeswehr mit ihrer Fahrzeugverladung vom/zum Instandsetzungsdepot Kappel, die im Bahnhof Kirchberg durchgeführt wurde, wendete sich von der Schiene ab. Da unter diesen Umständen auch eine Privatbahn keinen wirtschaftlichen Güterverkehr durchführen konnte, endete dieser am 1.10.2001 zwischen Langenlonsheim und Morbach. Unabhängig von dieser Maßnahme wurden noch in den

Wochen zuvor umfangreiche Rohholzanlieferungen aus dem Ausland für ein Sägewerk am Bahnhof Morbach durchgeführt. Hierbei kamen meist zwei Loks der BGW zum Einsatz.

Was verblieb, war der Anschlußverkehr zu den Kalkwerken in Stromberg, welche in der Regel dreimal wöchentlich einen Ganzzug, bestehend aus vierachsigen Silowagen, für Ludwigshafen BASF abfertigen. Dieser Zug wird von werkseigenen Loks der BASF befördert.

Ein geplanter Ausflugsverkehr mit einem rheinhessischen Reiseveranstalter, der hierzu Esslinger Triebwagen aus alten SWEG-Beständen einsetzen wollte, scheiterte ebenfalls. Für eine zeitlang war der dreiteilige Gliedertriebzug der Hersfelder Kreisbahn im Bahnhof Stromberg abgestellt, um ihn für Sonderfahrten aufzuarbeiten. Doch auch dieses Vorhaben gab man auf.

Zum 1.4.2003 wurde der Abschnitt Simmern-Morbach durch die DB Netz AG betrieblich gesperrt, neun Monate später folgte auch das Teilstück Stromberg-Simmern. Eine Ausschreibung zur Übernahme durch ein anderes Verkehrsunternehmen brachte nicht den gewünschten Erfolg, weil die fünf vorhandenen Interessenten wieder absprangen. Verschiedene Gerichte mußten sich in der Folgezeit mit der Rechtmäßigkeit der Ausschreibung zur Übernahme durch Dritte, der verfügten Streckensperrung und des Stillegungsverfahrens befassen. Ursache hierfür war unter anderem die mögliche Wiederinbetriebnahme für einen Zubringerdienst zum Flughafen Hahn im Hunsrück. Hier zweigt vom Bahnhof Büchenbeuren ein Anschlußgleis zum Airport ab, welcher früher große militärische Bedeutung hatte und auf dem heute ein irischer Billigfluganbieter mit jeweils ca. 30 Starts und Landungen seine Heimat gefunden hat. Ob es tatsächlich zu einem Zugverkehr dorthin kommt muß bezweifelt werden, weil die Kosten für eine Streckensanierung in das unendliche gestiegen sind und alle dorthin führenden Straßen vom Bund und vom Land bestens ausgebaut wurden. Außerdem ist der Flughafen mit einem dichten Netz an Busverbindungen, beispielsweise aus Köln, Frankfurt und Süddeutschland, erschlossen.

Wie bereits erwähnt, bringt im Ist-Zustand dreimal wöchentlich (meist dienstags, donnerstags und samstags) ein Zug aus Ludwigshafen BASF leere Silowagen mit werkseigenen Loks nach Stromberg, die dort gegen beladene Wagen getauscht wer-

Bahngesellschaft Waldhof (Langenlonsheim–Morbach): *Schon historisch – Lok 01 rangierte am 17.9.2001 in Morbach.*

Foto: Dieter Riehemann

den. Für den Verschub an den Siloanlagen und im Bahnhof Stromberg selbst steht eine kleine Rangierlok zur Verfügung.

Wenn die Kalkzüge fahren, mußte seither das Stellwerk »Sf« an der nordwestlichen Ausfahrt in Stromberg mit einem Fahrdienstleiter besetzt werden. Bereits um Herbst 2004 wollte man das schöne Gebäude aufgeben, die Signalanlagen abbauen und die betrieblich unbedingt erforderlichen Weichen auf örtliche Handbedienung durch das Zugpersonal umrüsten. Aus verschiedenen Gründen konnte diese Rationalisierungsmaßnahme erst im Dezember 2004 vollzogen werden. Seitdem darf immer nur ein Zug auf der Strecke sein, und Sonderfahrten können erst dann verkehren, wenn der Kalkzug Langenlonsheim in Richtung Bad Kreuznach verlasen hat. So gab es am 2.10.2004 nochmals eine interessante Zugkreuzung in Stromberg, als dort ein Triebwagenzug der Pfalzbahn auf den BASF-Zug traf.

Im Dezember 2004 stellte sich die Situation wie folgt dar: Westlich von Stromberg in Richtung Morbach war die Strecke betrieblich gesperrt und durfte nicht mehr befahren werden. Besonders schlimm sah es im ehemaligen Bahnhof und Verkehrsknoten der Kreisstadt Simmern aus. Hier war

alles meterhoch zugewachsen. Das dortige Stellwerk »Sf« hatte man mit Brettern und Gittern gegen Vandalismus gesichert. Die einstmals in Simmern abzweigende Strecke nach Emmelshausen wurde 1999 abgebaut. Auf dem Gleiskörper wurde der »Schinderhannes Rad- und Wanderweg« angelegt, der direkt zum Bahnhof in Emmelshausen führt. Dort ist Anschluß an die Züge nach Boppard und in das Rheintal.

Der Güterbahnhof der Kreisstadt Simmern ist ebenfalls verschwunden. Auf dessen Gelände entstand das moderne Depot der Rheinhunsrückbus GmbH. Von den Anlagen des bis 31.10.1982 selbständigen Bw. Simmern ist außer dem Ringlokschuppen nichts mehr zu sehen.

Im weiteren Verlauf sind in Richtung Hermeskeil noch alle Gleisanlagen unbefahrbar vorhanden. Teilweise steht armdickes Busch- und Strauchwerk zwischen den Schienen und Schwellen.

Joachim Schwarzer

Rhenus Keolis GmbH & Co KG (Eurobahn)

Die Eurobahn bedient seit dem 14.12.2004 mit elf aus dem Fahrzeugpool des Landes Niedersachsen (LNVG) stammenden Triebwagen des Typs LINT 41

(VT 4.01-4.11 der Eurobahn) die Strecke Löhne-Hameln-Elze-Hildesheim-Bodenburg (Weser- und Lammetalbahn). Das Mainzer Unternehmen, das in Bielefeld eine bisher schon für den Eurobahn-Verkehr Lemgo-Bielefeld-Herford-Bünde-Rahden zuständige Niederlassung hat, erhielt den Zuschlag für die Verkehrsbedienung auf dieser Verbindung im Rahmen einer Ausschreibung. Besonderes auf der Lammetalbahn (Hildesheim-) Großdüngen-Bodenburg wurden parallel zum Betreiberwechsel auch Modernisierungen an der Infrastruktur vorgenommen, die hier nun jedoch auch keine Reisezugkreuzungen mehr zulassen. In Bodenburg wurde durch Neuerrichtung eines Endhaltepunktes vor einem Bahnübergang der alte Bahnhof (und damit die dort endende Museumsbahn) völlig vom Gleisnetz abgehängt.   *Dieter Riehemann*

Rurtalbahn (RTB)

Die Rurtalbahn (vormals Dürener Kreisbahn) fährt täglich 400 Tonnen Braunkohle zu einem neuen Kohlekraftwerk der Zukkerfabrik Jülich.

SBB GmbH.

EuroTHURBO wurde rechtlich in die SBB GmbH. mit Sitz in Konstanz überführt. Der Nahverkehr mit den »Seehas«-Zügen auf den Strecken Konstanz-Radolfzell-Singen-Engen und Radolfzell-Stockach hat derartig zugenommen, daß man fahrzeugmäßig alle Kapazitäten ausgeschöpft hat. Es sollen neue FLIRT-Triebwagen von Stadler Berlin-Pankow beschafft werden.

Eurobahn (Wesertalbahn): VT 4.02 am 24.5.2004 in Elze (Hann.)

Eurobahn (Wesertalbahn): VT 4.03 am 19.3.2004 inHameln.

Eurobahn (Hildesheim-Bodenburg): VT 4.11 am 25.4.2004 im neuen Endhaltepunkt Bodenburg.   Fotos (3): Dieter Riehemann

Siegener Kreisbahn: *V 43 bedient am 17.5.2004 das Werk 1 der Erndtebrücker Eisenwerke.*   *Foto: Dieter Riehemann*

Zur Überbrückung der Fahrzeugknappheit wurde von der Hohenzollerischen Landesbahn der MAN-Schienenbuszug VT 9 + VS 14 + V 5 gemietet.

Schleswig-Holstein-Bahn (SHB)

Die Schleswig-Holstein-Bahn (SHB) übernahm im Dezember 2003 den Bahnverkehr auf der Strecke Neumünster-Heide-Büsum. Gefahren wird mit CORADIA-LINT-Triebwagen.

Die SHB ist eine hundertprozentige Tochter der AKN und wurde am 29.1.2002 gegründet. Sie ist, wie auch die Muttergesellschaft, in Kaltenkirchen ansässig.

Die SHB wird während der Vertragslaufzeit bis 2011 auf einer Streckenlänge von insgesamt 87 Kilometern eine Betriebsleistung von 856.000 Zugkilometern pro Jahr erbringen.

Die Triebwagenzüge fahren zwischen Neumünster und Büsum durchgebunden im Zweistundentakt, auch an den Wochenenden. Zwischen Heide und Büsum sowie zwischen Neumünster und Hohenwestedt bietet die SHB ihren Kunden den Stundentakt an. Nur an Sonntagen gilt zwischen Neumünster und Hohenwestedt der Zweistundentakt.

Jörg Minga/SHB/pr.

Siegener Kreisbahn GmbH (SKB)

Zum 30.5.2004 hat die Siegener Kreisbahn (SKB) den Güterverkehr auf dem 12 km langen Abschnitt Dreis-Tiefenbach – Irmgarteichen-Werthenbach der ehemaligen Kleinbahn Weidenau-Deuz eingestellt. Die Infrastruktur wird stillgelegt, wenn sich nicht doch noch eine Betreiberlösung außerhalb der Verantwortung der Kreisbahn findet.

Von der alten WD-Strecke bleibt damit evtl. nur der ca. 3,5 km lange Abschnitt Weidenau - Dreis-Tiefenbach erhalten.

Daneben soll der Irle-Werksverkehr in Deuz, der über ein kurzes Stück der Kreisbahnstrecke (Bf. Deuz) führt, bestehen bleiben. Bis zum Einsatz einer eigenen Irle-Werkslok ist hierfür zunächst eine SKB-Lok in Deuz stationiert worden.

Neu bei der SKB ist Lok 44 (B´B´, VSFT 2003/1001462; Typ 1000 BB; Neulieferung 2004).

Der zusätzliche Lokbedarf entstand vor allem durch die Übernahme der Güterverkehrsleistungen von/nach Scheuerfeld (neuer Übergabepunkt nach/von Zügen der Westerwaldbahn bzw. SKB-Leistungen Richtung Betzdorf-Würgendorf/SKB ex Freien Grunder Eisenbahn).

Dieter Riehemann

Trans Regio Deutsche Regionalbahn GmbH (TR)

Nachdem die Düsseldorfer Rheinbahn geraume Zeit Alleineigner der nur knapp der Insolvenz entkommenen TransRegio (TR) war, ist seit Sommer 2004 die französische Firma EuRailCo mit 75,1 % der Geschäftsanteile Hauptgesellschafter der TR. Die EuRailCo ist ein international tätiges Gemeinschaftsunternehmen der zwei großen französischen Nahverkehrsunternehmen RATP (betreibt Pariser U-Bahn) und Transdev, das nun mit dem Einstieg bei der TR auch auf dem deutschen Markt Fuß fassen will.

Dieter Riehemann

SHB: Zwei Triebwagen am 14.12.2003 in Heide (Holst.).   Foto: Jörg Minga/pr.

Transregio (TR) und Vulkaneifelbahn GmbH

Neues von den Strecken Andernach-Mayen-Kaisersesch und Kaisersesch-Daun-Gerolstein. Am 10.6.2004 wurde der neu gestaltete Bahnhof Kaisersesch offiziell seiner Bestimmung übergeben. Dort wo früher Gütergleise und Ladestraße waren, ist ein neuer Bahnsteig mit moderner Unterstellhalle und Busstation entstanden. Direkt daneben befindet sich eine P+R-Anlage. Bedingt durch den Umbau ist Güterumschlag in Kaisersesch unmöglich geworden. Auch das Anschlußgleis zur Firma Glunz, die weit außerhalb des Bahnhofs ihren Unternehmenssitz hat, wird nicht mehr befahren.

Im September 2004 boten sich auf der Eifelquerbahn die folgenden Fakten: Zwischen Andernach und Kaisersesch wird der Personenverkehr mit Regioshuttle von Transregio abge-

TransRegio (Andernach-Kaisersesch): VT 001+VT 019-VT 013+VT014 am 22.9.2000 in Niedermendig.   Fotos (2): Dieter Riehemann

TransRegio: VT 002 nach Kaisersesch am 22.9.2000 in Mayen West.

wickelt, die in Mayen Ost beheimatet sind. Hier hat Transregio moderne Wartungsanlagen und Depotgleise errichtet. Güterverkehr gibt zwischen Andernach und Kaisersesch nicht mehr. Alle hierfür erforderlichen Gleisanlagen wurden entfernt oder durch den Ausbau der Verbindungsweichen unbrauchbar gemacht. Besonders schlimm hat es den Bahnhof Mayen Ost erwischt. Die einst sehr umfangreichen Gleisanlagen fielen Rückbaumaßnahmen zum Opfer. Übriggeblieben sind neben dem Streckengleis noch eine Kreuzungs- und Umfahrmöglichkeit und der Anschluß zum Transregio-Depot. Trotzdem wird die Strecke noch sehr personalintensiv betrieben, weil mehrere Stellwerke zu besetzen sind.

Zwischen Mayen Ost und Kaisersesch darf wegen fehlender Kreuzungsmöglichkeiten immer nur ein Zug unterwegs sein, so daß auch hier Güter- und Zusatzverkehr praktisch unmöglich ist oder nachts mit zusätzlichen Personalkosten für die Stellwerksbesetzungen durchzuführen wäre.

Im weiteren Verlauf bis Gerolstein betreibt die Vulkaneifelbahn GmbH mit Sitz in Gerolstein einen saisonalen Ausflugsverkehr mit Schienenfahrzeugen aus DB-Beständen, die sich heute bei privaten Verkehrsunternehmen befinden. Diese Fahrten erfüllen außerdem einen Zubringerdienst zu dem am Bahnhof Daun beginnenden Rad- und Wanderweg in Richtung Moseltal, der auf der abgebauten Eisenbahnstrecke Daun-Wittlich entstanden ist und der überregionale Bedeutung hat. Samstag, sonn- und feiertags kann man zwischen Mai und Anfang Oktober in beschaulicher Weise seine Fahrt von Kaisersesch in Richtung Daun fortsetzen, wo am dortigen Bahnsteig sofortiger Anschluß nach Gerolstein besteht. Diese Fahrten finden bei der Bevölkerung großen Anklang, und entsprechend gut ausgelastet sind die angebotenen fünf Zugpaare. Kurzzeitig mußte Ende 2004 das Teilstück Kaisersesch-Ulmen wegen Gleisschäden betrieblich gesperrt werden. Es gelang jedoch, diese Schäden zu beseitigen, so daß der saisonale Ausflugsverkehr weiter möglich ist. In der Sommersaison 2005 bot man auf Wunsch der anliegenden Gemeinden erstmals an Wochentagen einen Sonderverkehr im Zwei-Stunden-Takt zwischen Gerolstein und Daun an.

Den Güterverkehr stellte DB Cargo zum Jahresende 1997 zwischen Gerolstein und Ulmen ein. Zuletzt bediente man noch die Tarifpunkte Pelm, Daun, das Anschlußgleis zum Flüssiggaslager in Utzerath und Ulmen. Die neuen Betreiber versuchten die Transporte wieder auf die Schiene zurückzuholen und mußten herbe Rückschläge hinnehmen.

Im östlichen Teil von Kaisersesch bis Gerolstein stellte sich im September 2004 die Situation wie folgt dar: Die Firma Glunz in Kaisersesch nutzt ihr Anschlußgleis nicht mehr, und auf den übrigen Bahnhöfen gibt es keinen festen Kundenstamm, die der Bahn Transporte anvertrauen. Entlang der ehemaligen Ladestraße in Ulmen sind eine Busstation, Grünflächen und Parkplätze entstanden. Es besteht an der westlichen Bahnhofseinfahrt eine sehr beschränkte Lademöglichkeit, die für größere Lkw ungeeignet ist. In Daun wird die Ladestraße meist als Parkplatz für die Benutzer des Rad- und Wanderwegs in Richtung Wittlich genutzt, und Pelm ist ebenfalls ohne Frachtaufkommen. Auf den übrigen Stationen fehlen die hierzu erforderlichen Gleisanlagen. Im Herbst 2004 war die gesamte Eifel-Querbahn praktisch ohne Güterverkehr. Sporadisch anfallende Holztransporte in der Wintersaison 2004/2005 sind meist als Ganzzüge von Daun oder Ulmen nach Gerolstein gebracht worden.

Wer in älteren Kursbüchern der Sechzigerjahre nachschaut, wird feststellen, daß die Querbahn über Gerolstein hinaus in Richtung Westen zum Knoten Pronsfeld und weiter nach Neuerburg, Bleialf und Waxweiler führte. Deshalb an dieser Stelle ein kurzer Situationsbericht zu diesem Streckenteil (Stand Sommer 2005): Zugverkehr, gleich welcher Art gibt es nicht mehr. Die Gleise liegen noch unbefahrbar von Gerolstein bis Pronsfeld, wobei sie im Bereich des Bahnhofs Prüm bereits ausgebaut sind. Der Reisezugverkehr (zuletzt ein Alibizugpaar mit VT 798) nach Prüm endete im September 1980. Güterzüge nach Bleialf und Waxweiler fuhren noch sehr selten bis Mai 1987, und zwei Jahre später stellte man die Übergabefahrten auf dem Ast nach Neuerburg ein. Jeweils danach folgte der Abbau der Gleisanlagen bis Pronsfeld. Auf Teilabschnitten des ehemaligen Bahnkörpers sind heute Rad- und Wanderwege zu finden.

Im Mai 2005 gab es erfreuliche Neuigkeiten für den Abschnitt Kaisersesch-Ulmen. Der Zweckverband Schienenpersonennahverkehr Rheinland-Pfalz Nord will dieses Teilstück für den Regelverkehr an allen Tagen reaktivieren und entsprechende Fördergelder bereit stellen. Ab Ende 2006 werden die Triebwagen von Transregio über Kaisersesch hinaus bis Ulmen fahren. Zuvor sind umfangreiche Instandsetzungsarbeiten den Gleis- und Bahnsteiganlagen erforderlich. Der saisonale Ausflugsverkehr wird sich dann auf das Teilstück Gerolstein-Ulmen beschränken.

Joachim Schwarzer

Vectus-Verkehrsgesellschaft mbH

Vectus mit Sitz in Limburg (Lahn) ist eine gemeinsame Tochtergesellschaft der Hessischen Landesbahn GmbH und Westerwaldbahn GmbH. Seit Fahrplanwechsel Dezember 2004 bedient Vectus mit den neu beschafften 18 zweiteiligen LINT 41-Triebwagen (VT 251-268) und zehn einteiligen LINT 27-Triebwagen (VT 201-VT 210) den gesamten SPNV auf den Westerwaldstrecken Limburg (Lahn)-Westerburg-Altenkirchen-Au (Sieg) und Limburg (Lahn)-Montabaur-Siershahn, darüber hinaus den gesamten Regionalbahnverkehr auf der Lahntalstrecke zwischen Limburg (Lahn) und Koblenz sowie den Verkehr Wiesbaden Hbf-Niedernhausen mit Durchbindung einzelner Züge nach/von Limburg (Lahn). Auch zwischen Limburg (Lahn) und Gießen sind einzelne Vectus-Züge unterwegs.

Dieter Riehemann

Wanne-Herner Eisenbahn und Hafen (WHE)

Am Übergabebahnhof Herne-Wanne entstehen eine Werkstatt, eine Waschanlage und eine Tankanlage, die für Servicedienstleistungen interessierten EVU zur Verfügung stehen.

TransRegio (Andernach-Kaisersesch): *VT 04 am 18.9.2004 in Andernach.*

TransRegio (Andernach-Kaisersesch): *VT am 18.9.2004 im neu gestalteten Bahnhof Kaisersesch.*   *Fotos (3): JoachimSchwarzer*

Vulkaneifelbahn: *VT 798 670 + VS 998 863 (links) und VT 795 356 in Daun.*

Vectus: VT 255+VT 203 nach Limburg am 12.5.2005 in Nassau (Lahn).   Foto: Dieter Riehemann

WeserBahn

Die WeserBahn betreibt den Güterverkehr der Bremen-Thedinghauser Eisenbahn (BTE) und übernimmt Güterverkehre auf DB AG-Strecken.

Westerwaldbahn GmbH (WEBA)

Ende Mai 2005 wurde der neue Betriebshof in Bindweide offiziell eingeweiht. Ein Teil der alten Bw-Anlage wurde in den Neubau integriert.

Die DB-Güterverkehrsstrecke Altenkirchen-Raubach-Selters-Siershahn wurde bisher im Abschnitt Altenkirchen–Raubach in der Regel dreimal wöchentlich von der Westerwaldbahn bedient, während den Abschnitt Siershahn-Selters DB Railion (Aufkommen Behälterbau Schütz) nutzte. Der 12 km lange Teil Raubach-Selters, seit Jahren ohne jeglichen Verkehr, ist im Sommer 2005 von der Westerwaldbahn zusammen mit der Strecke Altenkirchen–Raubach übernommen worden und wird für den Güterverkehr reaktiviert. Das Land Rheinland-Pfalz unterstützt das mit erheblichem finanziellen Engagement, denn die Fa. Schütz in Selters möchte ihre Schienentransporte verdoppeln (bisher ca. 90.000 Tonnen/Jahr), wenn sich die Transportwege in Richtung Westen/Norden durch Reaktivierung der Strecke Richtung Altenkirchen verkürzen.

Voraussichtlich ab Dezember 2005 war ein tägliches Güterzugpaar der Westerwaldbahn vorgesehen, das von Altenkirchen kommend bis Selters fährt.

Die Jung-Dieselloks V 26.1 (Jung 1956/12102) und V 26.3 (Jung 1957/12748) wurden an die Werksbahn der Firma Schütz in Selters verkauft.

Dieter Riehemann

Westfalenbahn

Die Bietergemeinschaft Stadtwerke Bielefeld (moBiel), Essener Verkehs AG (Abellio), Verkehrsbetriebe Extertal (VBE) und Mindener Kreisbahn (MKB) hat die Ausschreibung für das sogenannte »Teutoburger Wald-Netz« erhalten und wird künftig folgende Strecken befahren:

Bad Bentheim-Rheine-Osnabrück-Herford-Bielefeld, Bad Bentheim-Rheine-Osnabrück-Herford-Detmold-Altenbeken, Münster-Rheine, Münster-Osnabrück und Bielefeld-Herford-Detmold-Altenbeken. Besteller sind die Landesnahverkehrsgesellschaft Niedersachsen (LNVG), der Verkehrsverbund Ost-

Vectus: VT 208 (links) und VT 266 sowie DB AG-Güterzug am 11.5.2005 in Siershahn.   Foto: Dieter Riehemann

westfalen-Lippe (VVOWL), der Nahverkehrsverbund Paderborn/ Höxter (nph) und der Zweckverband SPNV Münsterland (ZVM).

Zum Einsatz werden mehrteilige Elektrotriebwagen kommen.

Bahnen der WVG-Gruppe (WLE, RLG, RVM)

Die 4,9 km lange Anschlußbahn zur Warsteiner Brauerei wurde Ende 2004 fertiggestellt. Das WLE-eigene neue Industriegleis zweigt vom Industriegleis der Stadt Warstein bei km 1,2 ab (das ist dort, wo die Steinzüge beladen werden) und erreicht dann nach ca. vier Kilometern das Brauereigelände. Die Trassierung ist schwierig. Neben der Verlegung von Straßen und Wegen waren große Geländeeinschnitte (mit ca. 300.000 qm Bodenaushub) und allein sechs Brücken/Kreuzungsbauwerke zu erstellen.

Die Gesamtinvestitionen für diese schwierig trassierte Bahn betrugen über 20 Mio EURO, von denen das Land NRW die Hälfte trug und der Rest auf die Brauerei, die Stadt Warstein und die WLE entfiel. Ziel ist es, über das Gleis einmal 200.000 Tonnen/Jahr rollen zu lassen. Damit könnte die WLE allerdings auch nur annähernd den Verlust ausglei-

chen, den die Stillegung des Dykerhoff-Zementwerks in Beckum (Wegfall 300.000 Tonnen/Jahr Steintransporte) mit sich gebracht hat.

Im Herbst 2005 tat sich jedoch noch nicht allzu viel auf der Brauereibahn. Regelmäßig fährt seit 5.4.05 nur einmal wöchentlich ein Bierzug nach München. Rohstoffeingänge und andere Transporte sind nur sehr sporadisch zu verzeichnen. Möglicherweise kommt der Durchbruch im Jahr 2006. Dann soll auch der Bahnhof Warstein umgebaut und den neuen Bedürfnissen angepaßt werden, wie Gleisplanänderungen und Ersatz des alten Stellwerks teilweise durch EOW.

Für den erwarteten Neuverkehr erhielt die WLE im August 2004 die fabrikneue Diesellok 21 des Vossloh-Typs G 2000 mit Endführerständen (Vossloh 2004/1001455). Die Maschine kam in einem Anstrich, der den »Hausfarben« der Warsteiner Brauerei entspricht. Zunächst wurde die Lok auch vor Reisesonderzügen anderer Verkehrsunternehmen auf dem Netz der DB AG eingesetzt.

Wieder einmal im Bestand gefährdet zu sein scheint die Strecke Neubeckum-Münster. Das geringe Güteraufkommen konzentriert sich überwiegend auf den Bereich Münster bzw. den (rückläufigen) Durchgangszementverkehr (Übergabe in Münster

Vectus (Limburg-Siershahn): VT 253 + DB AG-ICE am 11.5.2005 in Montaubaur.

Vectus: VT 201 am 9.5.2005 in Altenkirchen (Westerwald).

Fotos (3): Dieter Riehemann

Vectus (Limburg-Au): VT 266 am 13.5.2005 in Au (Sieg).

an die Bentheimer Eisenbahn). Es wäre angezeigt, über die seit vielen Jahren bestehenden Planungen, auf der Strecke wieder SPNV anzubieten, alsbald zu entscheiden.

Bedingt durch die auf der RVM-Strecke 2004 erforderlichen starken Traktionsleistungen bzw. zu fahrende Leistungen auf DB-Strecken war die RLG-Lok 68 längerfristig von Hamm nach Rheine »versetzt« worden. Die RLG haben dafür die Lok 40 der WLE in Hamm im Einsatz. RVM-Lok 28 betätigt sich bei der WLE vor leichteren Güterzugleistungen im Raum Lippstadt.

Dieter Riehemann

Eisenbahn-Infrastruktur-Unternehmen Süderbarup-Kappeln ex Angeln-Bahn (AB)

Es ist gemeinsam mit den beteiligten Kommunen, dem Kreis, den Landesbehörden und einigen Unternehmen vor Ort gelungen, die endgültige Stillegung der Strecke Süderbarup-Kappeln zu verhindern.

Die Museumszugfahrten der Freunde des Schienenverkehrs Flensburg e.V.(FSF) als nördlichste Museumsbahn Deutschlands mußten im April 2005 eingestellt werden, da die bisherige Betriebsgesellschaft Angelnbahn GmbH am 29.12.2004 Insolvenz anmelden mußte und sich das kreiseigene Infrastrukturunternehmen in Auflösung befand. Am 8.7.2005 erhielt nun der FSF die Konzession, und in den folgenden Tagen wurden verschiedene Auflagen der Aufsichtsbehörde abgearbeitet. So konnte am 22.7.2005 nach Monaten der Betriebsruhe wieder

der erste Museumszug den Bahnhof Kappeln verlassen.

Carsten Recht

VIAS

VIAS ist der Name eines am 10.8.2005 gegründeten Gemeinschaftsunternehmens der Verkehrsgesellschaft Frankfurt am Main (VGF) und der Rurtalbahn (RTB), die nach Ausschreibungsgewinn die Rhein-Main-Verkehrsverbund-Strecken 64 (Frankfurt (M) – Hanau – Wiebelsbach-Heubach – Erbach) und 65 (Darmstadt – Wiebelsbach-Heubach – Erbach – Eberbach) im Odenwald betreiben werden. Die Fahrzeugmanagement Region Frankfurt Rhein-Main (fahma), eine Tochtergesellschaft des Rhein-Main-Verkehrsverbundes (RMV), stellt der VIAS die 22 Triebwagen VT 101 bis 123 (Bombardier 2005/24599-24642; Itino D2) für den Betrieb zur Verfügung. In Michelstadt als Betriebsmittelpunkt wurde von einem Unternehmen eine neue Werkstatt gebaut und an die VIAS vermietet.

Westerwaldbahn: *Lok 6 mit Gz aus Scheuerfeld am 9.5.2005 im Bf. Elben.*

WLE: *Anschlußgleis zur Warsteiner Brauerei (14.9.2004).*

Fotos (3): Dieter Riehemann

Vossloh Locomotives GmbH

2005 sollte ein Umsatz von ca. einer Milliarde EURO erreicht werden (2004 = 922 Millionen EURO). Einmalbelastungen gab es durch die Neustrukturierung des Lokbaustandorts Kiel (ex MaK). Nachdem sich dort der Auftragsbestand um 50 % verringert hatte, kam es zu einem Personalabbau von 630 auf 412 Mitarbeiter. Erst für 2007 erwartet man einen spürbaren Anstieg der Nachfrage nach Diesellokomotiven. *dw*

WLE: *Lok 40 mit Güterzug am 7.9.2005 zwischen Uelde und Drewer.*

WEG-Nebenbahn Gaildorf-Untergröningen

Mit der Eröffnungsfahrt der ersten Eisenbahnstrecke von Nürnberg nach Fürth am 7. Dezember 1835 war die Gemütlichkeit der Postkutschenzeit vorbei. Der rasche Ausbau der Eisenbahnen veränderte das Bild der Landschaften und Städte gründlicher als alles bisher Dagewesene. Die Vorstellungen von Raum und Zeit wurden revolutioniert.

In Deutschland hat es von Anfang an eine Zweiteilung in Privat-Eisenbahnen und Staats-Eisenbahnen (ab 1838) gegeben. Bis heute sind private Gesellschaften öffentlichen Eisenbahnverkehr tätig. So auch die bereits am 13.5.1899 in Stuttgart als Aktiengesellschaft gegründete Württembergische Eisenbahn-Gesellschaft mbH (WEG), die u.a. auch die Nebenbahn Gaildorf-Untergröningen betreibt.

Ausgedehnte Wälder säumen das obere Kochertal, und so wundert es nicht, daß bereits Mitte des vorigen Jahrhunderts sich dort eine ausgedehnte Holzindustrie entwickelt hatte. Der Transport der Roh- und weiter verarbeiteten Holzprodukte war der damaligen Zeit entsprechend schwierig und langsam. Bereits bevor Gaildorf an die »Murrbahn« angeschlossen wurde (der erste Zug erreichte Gaildorf am 1. Dezember 1879; die »Murrbahn« von Waiblingen nach Hessental wurde erst am 15. Mai 1880 fertiggestellt) war die erste Denkschrift des Abgeordneten Kauser bekannt geworden, die bereits 1857 eine Eisenbahnlinie von Gaildorf nach Wasseralfingen vorsah. Dieser Vorschlag geriet aber bald in Vergessenheit. Mit der Inbetriebnahme der Murrbahn wurden die Stimmen wieder lauter, und es wurde der Gedanke einer Eisenbahnstrecke von Gaildorf über Untergröningen nach Wasseralfingen rege diskutiert. 1889 fand auf Initiative des Grafen Heinrich Adelmann von Adelmannsfelden in Untergröningen eine Versammlung von Bahninteressenten statt. Auch die Bemühungen dieser Bürgerinitiative blieb über viele Jahre ohne sichtbaren Erfolg. Zu sehr hatte sich die Staatsregierung darauf festgelegt, keine öffentliche Bahn für private

T 36 und V 125 rangieren am 17.9.1996 in Laufen.　　　　　　　　　　　　*Foto: Dieter Riehemann*

Anleger zu gewähren. Da die vielen Wünsche nach Bahnanschlüssen im Land von der Staatsregierung selbst aber nicht befriedigt werden konnten, wurden die Chancen mit den Jahren besser. Im Juli 1899 wurde ein Gesetzentwurf angenommen, wonach der Bau von Privatbahnen ermöglicht wurde. Damit hatte die letzte Eingabe eines Komitees für den Bau einer Eisenbahn von Gaildorf nach Untergröningen vom 30.3.1887 bereits im Vorfeld der vorerwähnten Gesetzgebung gute Chancen, wenn sich private Geldgeber finden ließen. Das Komitee setzte sich mit der Fa. Koppel in Berlin in Verbindung, die zunächst die Planung für den Bau einer Schmalspurbahn betrieb. Nach der Gründung der WEG gingen die Vereinbarungen mit der Fa. Koppel auf die WEG über. Die WEG konzipierte die Bahnpläne auf eine Normalspurbahn um, nachdem ein Staatszuschuß in Aussicht gestellt wurde. Die Konzession zum Bau und Betrieb einer Schmalspurbahn erhielt die WEG am 24.10.1899. Und am 12.7.1901 bewilligten die Abgeordneten in Stuttgart einen Staatsbeitrag in Höhe von 643.000 Mark. Mit der Gewährung des Zuschusses wurden die Normalspurpläne weiter verfolgt. Am 28.12.1901 wurde die Konzession für eine normalspurige Strecke geändert. Der Bau der Eisenbahn konnte beginnen.

Der öffentliche Verkehr wurde mit den damals üblichen Feierlichkeiten am 1. Oktober 1903 aufgenommen. Wechselvolle Jahre standen der Bahn bevor. Nach Jahren des guten Holz- und Landwirtschaftsverkehrs durchlebte sie mit dem Ersten Welt-

T 36 am 26.7.1979 in Gaildorf West.   Fotos (3): Dieter Riehemann

T 05 am 5.5.1979 im Bahnhof Bröckingen.

T 36 mit VB 108 und VB 109 am 11.5.1988 zwischen Laufen und Sulzbach.

V 125 am 17.9.1996 in Gaildorf West.　　　　　　　*Fotos (3): Dieter Riehemann*

T 36 am 17.5.1995 als GmP zwischen Sulzbach und Altschmiedelfeld.

Lok 80 106 der »Dampfbahn Kochertal« am 11.5.1988 in Untergröningen.

krieg und der späteren Weltwirtschaftskrise schwere Zeiten. Als sich die Verfrachtungen nach 1935 wieder gut stabilisierten, brachte der Zweite Weltkrieg erneut erhebliche Beeinträchtigungen. Ab 2.4.1945 mußte der Betrieb völlig eingestellt werden, nachdem die Kocherbrücke zerstört wurde. Erst am 10.4.1946 konnte der durchgehende Verkehr wieder aufgenommen werden.

Ab 1954 wurde der erste Dieseltriebwagen eingesetzt. Wenige Jahre später hatte der Dieseltriebwagen die letzte Dampflok verdrängt. Ab 6. Februar 1950 wurde neben der Schiene eine Kraftverkehrslinie eingerichtet. Im Dezember 1984 nahm die Bahn einen modernen Zugleitfunk in Betrieb.

Die Dampflokzeit holte auch die Nebenbahn Gaildorf-Untergröningen wieder ein. Seit einigen Jahren verkehren auf ihrer Strecke wieder Dampfzüge der Gesellschaft Eisenbahnfreunde Zollernbahn (EFZ). Der »Kochertalexpreß« erfreute sich großer Beliebtheit.

Die Nebenbahn dürfte aber keine Zukunft mehr haben. Nachdem das Streckenteilstück Laufen-Untergröningen bereits 2004 gesperrt worden war, wurde im Oktober 2005 auch der Schienenverkehr auf der verbliebenen Reststrecke aufgegeben.

Die notwendigen Investitionen würden in keinem Verhältnis zu den zu erwartenden Einnahmen stehen, weswegen die WEG die Strecke zur Übernahme ausgeschrieben hat. Findet sich kein Interessent, wird Stillegungsantrag gestellt.

Als letztes Triebfahrzeug war noch die Diesellok V 125 (Krupp

V 125 am 18.9.1996 vor dem Lokschuppen in Untergröningen. Hinten rechts steht Leihlok RStE-V 122.

Foto: Dieter Riehemann

1962/4384; ex DB 211 273) auf den Nebenbahn im Einsatz.

Daten der Nebenbahn Gaildorf-Untergröningen
Eröffnung: 1. Oktober 1903
Streckenlänge/Spur: 18,52 Kilometer/1435 mm
Größte Steigung: 1:00
Höhenunterschied: 21,81 Meter
Fahrzeuge 1.10.1903: 2 dreiachsige Tenderlokomo-

tiven, 1 Post- und Gepäckwagen mit Abteil II. Klasse, 4 Personenwagen, 2 bedeckte, 7 offene Güterwagen und 7 Paar Langholzwagen.
Fahrzeugbestand 1985: 1 Schlepptriebwagen sowie 2 Personenwagen, 1 Omnibus.
Personalbestand 1.10.1903: 18 Mitarbeiter
Personalbestand 1985: 15 Mitarbeiter, davon 1 Mitarbeiter im Kraftverkehr   *As/WEG/pr*

Beförderungsleistungen Nb. Gaildorf-Untergröningen

Jahr	Pers.	Güter t	Pers. (Bus)	Hauptverfrachtungen					
					1980	1981	1982	1983	1984
1903*	22 116	7 783	-						
1904	64 502	36 572	-	Holz	47,8 %	56,0 %	69,5 %	64,0 %	63,8 %
1925	83 665	45 523	-	Benzin/Öle	18,2 %	12,4 %	3,2 %	4,0 %	4,5 %
1975	199 057	43 590	10 561	Papier	7,4 %	8,0 %	6,3 %	6,6 %	5,4 %
1980	164 169	47 067	47 763	Düngemittel	6,8 %	6,1 %	6,5 %	5,4 %	5,7 %
1984	157 212	33 018	60 502	** = 3 Monate*					

Joachim Schwarzer

Privatbahnen im Taunus

Gab es vor etwa zwanzig Jahren nur eine einzige Privatbahnstrecke in dieser Region, nämlich die Frankfurt-Königsteiner-Eisenbahn, so hat sich hier in den letzten Jahren das Bild, für den Klein- und Privatbahnfreund positiv gesehen, sehr verändert. Seit Erscheinen von DK 12 hat sich viel getan, über das etwas ausführlicher berichtet werden soll.

Frankfurt-Königsteiner-Eisenbahn (FKE)

Bekanntlich konnte diese Bahn im Jahre 2002 mit viel Erfolg ihr einhundertjähriges Bestehen feiern. Zum Fahrplanwechsel im Dezember 2002 mußte der leihweise für neunzehn Monate von DB Regio übernommene verkehrsrote VT 628 450 zurückgegeben werden. Das Fahrzeug kam hauptsächlich auf der Strecke Frankfurt-Höchst - Bad Soden im Berufsverkehr zum Einsatz, war aber auch auf der Taunusbahn nach Brandoberndorf gelegentlich zu sehen. Leider wurde der Triebwagen bei der DB in kürzester Zeit mit Graffiti besprüht, so daß

die liebevolle Pflege bei der FKE schnell zunichte gemacht wurde. Seine Aufgabe übernahm zunächst ein VT 2 E der FKE bzw. Taunusbahn. Später kam dann der GTW 509 108 der Hessischen Landesbahn zum Einsatz, der sehr häufig in Königstein stationiert ist.

Der Fahrplanwechsel im Dezember 2003 brachte gravierende Veränderungen mit sich. Seitdem werden alle Züge von Königstein über Höchst hinaus bis zum Frankfurter Hauptbahnhof geführt. Dafür sind die durchgehenden Triebwagenfahrten von Königstein mit Halt in Höchst und weiter nach Bad Soden sowie zurück entfallen. Als Ersatz gibt es einen Dauerpendel zwischen Höchst und Bad Soden mit VT 2E oder GTW. Die VT 51, 71 und 72 kommen umlaufbedingt auf der Bad Sodener Bahn nicht mehr zum Einsatz.

Am 19.5.2004, traf um 20.00 Uhr der VT 252 der Vectus Verkehrsgesellschaft in Königstein ein. Gleich

FKE (KBS 646): TSB-VT 17 (vorn) und Vectus-VT 252 am 21.4.2005 in Königstein.

Alle Fotos zu diesem Artikel von Joachim Schwarzer

FKE (KBS 646): TSB-VT 71 am 7.2.2005 in Königstein.

danach begann man mit einem umfangreichen Schulungs- und Ausbildungsprogramm auf diesem Fahrzeug. Es folgten weitere Triebwagen, die nach und nach im Regelverkehr zwischen Frankfurt und Königstein, sowie zwischen Ffm.-Höchst und Bad Soden eingesetzt wurden. Teilweise liefen bis zu fünf Vectus-Fahrzeuge in den Umlaufplänen mit, wobei sie auf der Taunusbahn nicht zum Einsatz kamen.

Künftig wird es wieder in gewissen Umfang Güterverkehr auf der FKE geben. Für ein Umspannwerk zwischen Hofheim und Kriftel wurde nördlich des Haltestelle Unterliederbach direkt an der Autobahn A 66 eine Trafoumladestation mit Anschlußgleis gebaut. Dort werden die Trafos auf Schwertransporter verladen und über einem befestigten Fahrweg zum Werk gebracht. Es haben bereits einige Verladeaktionen stattgefunden.

Zum Fahrplanwechsel im Dezember 2004 ging auch der letzte Vectus-Fahrzeug in seine neue Heimat nach Limburg. Seine Leistungen, zuletzt hauptsächlich auf der Bad Sodener Bahn, wurde erneut von einem VT 2E und seit Frühjahr 2005 von einem GTW übernommen. Trotzdem kommen noch immer diese Triebwagen nach Königstein. Wegen fehlender Reinigungsmöglichkeiten in

Limburg wird donnerstags eine dreiteilige Garnitur in die dortige Waschanlage gebracht.

Am 25.3.2005 (Karfreitag) gab es mit einem Vectus-Triebwagen eine Probefahrt von Königstein über Frankfurt Hbf nach Grävenwiesbach. Hierbei sollte getestet werden, in wie weit diese Fahrzeuge für einen Einsatz auf der Taunusbahn geeignet wären. Anscheinend ist diese mit Erfolg verlaufen, denn FKE und TSB werden zusammen zehn neue LINT-Fahrzeuge erhalten, die ab Frühjahr 2006 ausgeliefert werden sollen. Parallel dazu beginnt ein Rekonstruktionsprogramm für die vorhanden zwanzig VT 2E.

Frankfurt-Höchst - Bad Soden

Den Reiseverkehr wickeln FKE-Fahrzeuge ab. Deshalb auch hier einige Informationen. Zunächst hat die DB Netz AG im Bahnhof der Kurstadt ordentlich aufgeräumt und alle Güter- und Nebengleise entfernt. Neben einem doppelten Gleiswechsel gibt es jetzt nur noch die beiden Bahnsteiggleise. Wie bereits für die FKE erwähnt, ging der auf der Bad Sodener Bahn leihweise eingesetzte VT 628 450 im Dezember 2002 an DB Regio zurück. Seine Aufgabe übernahm ein VT 2E oder ein GTW. Seit Dezember 2003 kommen die VT 51, 71 und 72 der FKE in der Regel hier nicht mehr zum Einsatz.

FKE: Vectus-VT 252 am 22.5.2005 auf Schulungsfahrt im Bahnhof Königstein.

FKE: Vectus VT 207 am 7.4.2005 in der FKE-Waschanlage in Königstein.

***FKE (KBS 646):** Vectus VT 256+259+291 am 14.4.2005 in Kelkheim-Hornau.*

Ab Juni 2004 bis zum Planwechsel im Dezember 2004 wurden viele Züge mit Vectus Triebwagen, teilweise in Doppelbespannung gefahren.

Am 3.2.2005 erfolgte nahe Frankfurt-Sossenheim ein Anschlag auf den mit Fahrgästen besetzten VT 2E der FKE. Ein Straftäter schleuderte einen Betonklotz gegen das Fahrzeug. Hierbei verletzte sich ein Fahrgast durch splitterndes Fensterglas. Leider brachte die sofort durchgeführte Fahndung nach dem Straftäter keinen Erfolg.

Taunusbahn Bad Homburg-Grävenwiesbach-Brandoberndorf

Im Oktober 2005 konnte der Abschnitt Bad Homburg-Usingen sein einhundertzehnjähriges Bestehen feiern. Wohl keiner dachte vor circa fünfzehn Jahren daran, daß aus dieser abgewirtschafteten Nebenbahn der damaligen Deutschen Bundesbahn ein hochmodernes Dienstleistungsunternehmen mit ständig wachsenden Verkehrsleistungen wird. Nutzten zu DB Zeiten gerade mal 1.500 Fahrgäste pro Tag die wenigen Züge, so sind es jetzt montags bis freitags ca. 9.700 Personen (und das mit weiter ansteigender Tendenz) die Triebwagen in Anspruch nehmen. Die Bahn ist zwangsläufig an ihren Kapazitätsgrenzen angelangt und will für Abhilfe zu sorgen.

Im Herbst 2004 wurde bekannt, daß man in einer europaweiten Ausschreibung zehn neue Triebwagen beschaffen möchte, die gleichermaßen auf FKE und Taunusbahn einzusetzen sind. Die zunächst geplante Anschaffung von acht LINT-Fahrzeugen für die FKE allein, so wie in DK 12 angekündigt, wird dafür nicht er-

FKE (KBS 643 Fft.-Höchst - Bad Soden): Vectus VT 252 am 17.6.2004 bei Ausfahrt aus Bad Soden.

folgen. Mit einer Auslieferung der ersten neuen Fahrzeuge rechnet man 2006 (siehe auch FKE). Gleichzeitig sollen die vorhandenen Bahnsteige verlängert werden, so daß vierteilige VT 2E-Garnituren einsetzbar sind. Ein neues Fahrgastinformationssystem ist ebenfalls vorgesehen.

Die vom Landrat des Hochtaunuskreis favorisierte Elektrifizierung der Taunusbahn wird nicht weiter verfolgt, und die angedachte Beschaffung gebrauchter Triebwagen ist vom Tisch. Den von Fahrgastverbänden und Umweltschützern geforderten Wiederaufbau der Weiltalbahn von Grävenwiesbach nach Weilmünster und Weilburg hat man eine Absage erteilt. Hier sollen weiterhin Straßenbusse fahren. Statt dessen wird zwischen Weilmünster und Grävenwiesbach auf der ehemaligen Gleistrasse ein Rad- und Wanderweg entstehen, so wie er bereits zwischen Weilburg und Weilmünster angelegt ist. Die Taunusbahn soll eine Zubringerfunktion für die Nutzer des Weges übernehmen.

Im März 2004 wurde das Köpperner Bahnhofsgebäude, zuletzt nur noch eine Ruine, abgebrochen. Bis zum Herbst 1993 war hier noch ein Fahrdienstleiter stationiert. Dann verfiel das Gebäude aufgrund von Kompetenzgerangel und

Streitigkeiten immer mehr, so daß der Abbruch die einzige Lösung war.

Schwer zu schaffen macht der Taunusbahn ein nie gekannter Vandalismus. Zwar sind die Grafitti-Sprühereien an den Zügen zurückgegangen, dafür werden Scheiben eingeschlagen und zerkratzt sowie Bahnhofsgebäude, Bahnsteige und Wartehäuschen mit Farbe beschmiert. Sachbeschädigungen stellt man auch an Signalanlagen und Bahnhofslaternen fest.

Eine Katastrophenschutzübung fand am 23.9.2005 ab 18.30 Uhr im Hasselborner Tunnel zwischen Grävenwiesbach und Hasselborn statt. Sämtliche Hilfsorganisationen des Hochtaunuskreises und ein Triebwagen der TSB waren hieran beteiligt. Der Regelzugverkehr wurde an diesem Abend mit Straßenbussen durchgeführt.

Am 11.10.2005 verkündete der Landrat des Hochtaunuskreises in der »Taunus Zeitung« eine umfangreiche »Frischzellenkur« für die zwanzig vorhandenen VT 2E, deren erster Prototyp im März 2006 zur Probefahrt ausgeliefert wird. Bis Februar 2007 soll die Rekonstruktion abgeschlossen sein. Vorgesehen sind u.a. neue Sitze mit Armlehnen, neuer Bodenbelag, die Einrichtung eines 1.Klasse-Abteils und eine verbesserte Frischluftzufuhr. In

FKE (KBS 643): Vectus-VT 262 am 17.8.2004 im Hp. Sulzbach (Taunus).

FKE (KBS 643): GTW 509 108 von Bad Soden am 20.6.205 in Fft.-Höchst.

Taunusbahn (KBS 637): VT 71 nach Brandoberndorf (links) und VT 72 nach Fft.-Höchst am 8.2.2001 im Bahnhof Gräwenwiesbach.

der Umbauphase sollen teilweise Leihfahrzeuge anderer Verkehrsunternehmen zum Einsatz kommen. Allein in diese Maßnahme fließen pro Triebwagen EURO 400.000,00. Die zehn neuen LINT-Fahrzeuge kosten zusammen 26,5 Mio. EURO und werden ab November 2006 ausgeliefert. Zudem werden im kommenden Jahr die Bahnsteige auf mindestens 150 m Nutzlänge erweitert.

Vectus Verkehrsgesellschaft KBS 627 Limburg-Niedernhausen-Wiesbaden

Bekanntlich hat die Vectus Verkehrsgesellschaft die Ausschreibung zur Erbringung von Nahverkehrsleistungen im Raum Limburg, Westerwald, Lahntal und in Richtung Wiesbaden gewonnen und hat planmäßig am 12.12.2004 den Betrieb aufgenommen.

Wie bereits erwähnt wurde am 19.05.2004 der VT 252 für Vectus an die FKE ausgeliefert, dem rasch weitere Fahrzeuge folgten. In einvernehmlicher Regelung mit der Deutschen Bahn AG gab es ab Juli 2004 einen Vorlaufbetrieb zwischen Limburg und Wiesbaden, um Erfahrungen im Alltagsbetrieb zu sammeln und Lokführerschulungen durchzuführen.

Zunächst löste man alle mit Dieselloks der BR 218 bespannten Wagenzüge ab und übernahm einen Großteil der zuvor mit VT 628 gefahrenen Nahverkehrsleistungen.

Bereits einige Wochen vor dem eigentlichen Planwechsel ging der Gesamtverkehr zwischen Wiesbaden und Niedernhausen ohne große Probleme auf Vectus über. Nach Medienberichten erfreuen sich die Fahrzeuge großer

Beliebtheit bei den Nutzern.

Vectus Verkehrsgesellschaft KBS 625 Koblenz-Limburg-Gießen

Zunächst fuhr Vectus nur Leistungen zwischen Koblenz und Limburg, jetzt wird zu bestimmten Zeiten die gesamte Lahntalbahn befahren. Grund ist die Nutzung der Gießener Waschanlage. Als Ausgleich hierfür erbringt DB Regio mit VT 628 einige Zugfahrten zwischen Limburg und Wiesbaden (KBS 627).

Arbeitskreis Aartalbahn e.V. Aartalbahn Diez-Zollhaus-Kettenbach-Hohenstein

Mit Ablauf des 31.5.1999 stellte die Deutsche Bahn AG den restlichen Güterverkehr im unteren Aartal zwischen Limburg und Kettenbach ein. Am letzten Betriebstag (27.05.1999) war es engagierten Eisenbahnfreunden gelungen mit der altroten DB-Diesellok 212 023 nochmals einen Güterzug nach Kettenbach und zurück zu fahren. In der Folgezeit wuchs die ungenutzte Strecke mehr und mehr zu.

Doch zunächst ein kurzer geschichtlicher Rückblick. Die Aartalbahn führt von Limburg und Diez über Zollhaus, Kettenbach und Bad Schwalbach nach Wiesbaden. In Zollhaus bestand bis 1962 eine Übergangsmöglichkeit für Güterwagen (Transport auf Rollwagen) zur meterspurigen Nassauischen Kleinbahn in Richtung Katzenelnbogen, Nastätten und St. Goarshausen. Die Deutsche Bundesbahn stellte ab 1983 den Zugverkehr nach und nach ein, zunächst den Gesamtverkehr zwischen Wiesbaden und Bad Schwalbach, dann folgten 1986 die Reisezüge zwischen Limburg und Bad Schwalbach. Mit Ablauf des 31.12.1990 en-

FKE (KBS 646): Zugkreuzung am 2.4.2004 im Bahnhof Liederbach.

Taunusbahn (KBS 637): VT 51 am 18.8.2004 zwischen Gräwenwiesbach und Hundstadt.

Taunusbahn (KBS 637): VT 71 fährt am 2.9.2005 am alten Bahnhof Hasselborn vorbei.

Vectus (LBS 627): VT 262+257 am 2.9.2004 in Auringen-Medenbach.

DB AG (Aartalbahn): 212 023 am 27.5.1999 mit dem letzten Güterzug auf der Aartalbahn im verkrauteten Bahnhof Kattenbach.

Aartalbahn: Eine Köf vor dem Inspektionszug Hohenstein-Diez am 23.3.2004 in Zollhaus.

dete der Güterverkehr zwischen Hohenstein und Bad Schwalbach, zwei Jahre später zwischen Kettenbach und Hohenstein und zum Schluß am 31.5.1999 zwischen Limburg und Kettenbach, wobei bereits der 27.5.1999 der letzte Betriebstag war.

Unermütlichen Eisenbahnfreunden ist es in den Folgejahren gelungen, zwischen Wiesbaden-Dotzheim und Hohenstein einen Museumsbahnverkehr einzurichten, der bei der örtlichen Bevölkerung großen Anklang findet.

Auch im unteren Aartal gab es Bemühungen, die Strecke zu erhalten, zumal es Interesse der anliegenden Gemeinden an einer Wiederaufnahme des Regelverkehrs gibt. Hier hat es sich der neu gegründete Arbeitskreis Aartalbahn e.V. zur Aufgabe gemacht, die Bahn zu erhalten. Mit großer Unterstützung der Kommunen und Privatpersonen ist es gelungen, die Gesamtstrecke zwischen Diez und Hohenstein freizuschneiden und von Unrat zu befreien. Am 26.3.2004, konnte zum ersten Mal seit langer Zeit ein Inspektionszug, bestehend aus einem Bi-Plattformwagen und einer Köf II, die Strecke talabwärts bis an das Einfahrtssignal zum Bahnhofs Diez befahren. Im Bahnhof Zollhaus begrüßte man hierbei den letzten Betriebsleiter der Nassauischen Kleinbahn, Herrn Paul Debus. Dieser hat das gegenüber dem DB-Bahnhof liegende Kleinbahn-Empfangsgebäude »Zollhaus West« übernommen und erhält es in vorbildlicher Weise. Die Inspektionsfahrt bescheinigte allen Teilnehmern einen erstaunlich guten Zustand des Gleiskörpers, der nur geringe Instandsetzungsarbeiten für einen möglichen Ausflugsverkehr erfordert. Es gab Gedankengänge, bereits im Laufe des Jahres 2005 erstmals öffentliche Fahrten anzubieten, wobei es ungeklärt war, wer die Infrastruktur übernimmt, Fahrzeuge stellt und als Veranstalter auftritt. Leider ist 2005 nicht alles so gelaufen, wie zunächst geplant. Mit viel Engagement wurden weitere Freischneideaktionen durchgeführt. Zu einem Sonderverkehr ist es bis zum August 2005 nicht gekommen, und wie es aussieht, wird frühestens ab 2006 ein öffentlicher Zug über Hohenstein hinaus bis Diez fahren. Zuvor sind jedoch noch technische Mängel zu beheben und die Finanzierung abzusichern. So beschränkte man sich im Sommer 2005 auf Draisinenfahrten, die großen Anklang fanden. Als beliebter Treffpunkt hat sich der Bahnhof »Zollhaus DB« entwickelt, der vom neuen Besitzer vorbildlich restauriert wurde und der eine Gaststätte mit Biergarten beherbergt.

Frankfurter Lokalbahn Stadtwerke Frankfurt am Main Betrieb U 3 Frankfurt - Oberursel-Hohemark

Bis zum Frühjahr 1983 betrieben die Stadtwerke Frankfurt am Main auf ihrer U-Bahnstrecke U 3 einen recht umfangreichen Wagenladungsverkehr zwischen Oberursel Bahnhof und Frankfurt-Heddernheim, wo nahe der U-Bahnstation Wiesenau die Anschlußgleise zum VDM-Werk Heddernheim lagen. Hier sorgten werkseigene Loks für das Rangieren der Wagen, während die Fahrten auf der eigentlichen Strecken mit Maschinen der Stadtwerke und später der Deut-

Stadtwerke Frankfurt am Main: ET 375 + 379 der U 3 am 10.5.1994 in der Endstation Hohemark.

Deutsche Bundesbahn: 260 532 im März 1983 mit einer Übergabe zum VDM-Werk Heddernheim an der U-Bahn-Station Wiesenau.

KBS 645: Vossloh-Dispolok mit einem Bauzug am 24.4.2004 in Oberursel, dem früheren Knotenpunkt im Güterverkehr zur Frankfurter Lokalbahn.

Stadtwerke Frankfurt am Main: *Ellok 2020 im August 1982 im Übergabebahnhof Oberursel.*

schen Bundesbahn durchgeführt wurden. In den Jahren davor gab des ferner einen Bedarfsverkehr in das nördliche Stadtgebiet von Oberursel, wo ebenfalls mehrere, zuletzt aber nur ein Anschließer vorhanden waren. Für die Abwicklung des Wagenladungsverkehr standen am Bahnhof Oberursel umfangreiche Abstellanlagen und eine Übergabemöglichkeit an die damalige Deutsche Bundesbahn zur Verfügung. Diese ungenutzten Gleisanlagen und die entsprechenden Verbindungsweichen sind jetzt auf DB-Gelände teilweise entfernt worden, wozu im Bauzugdienst Lokomotiven privater Logistikanbieter zum Einsatz kamen.

Dagegen sieht es im Personenverkehr wesentlich besser aus. Die Stadtwerke haben alle U-Bahn-Stationen zwischen Oberursel-Kupferhammer und dem Endpunkt Hohemark modernisiert und für längere (dreiteilige) Wagenzüge vorbereitet. Die Endhaltestelle hat zwei Bahnsteiggleise und ein modernes Fahrgastinformationssystem erhalten. Hier ist zudem eine zentrale Umsteigestelle zu den Bussen in Richtung Hochtaunus und Großer Feldberg vorhanden. Die Stadt Oberursel wird trotz leerer Kassen auch weiterhin ihren finanziellen Beitrag zum Erhalt der Gesamtstrecke leisten. Allerdings ist noch nicht entschieden, wann der seit den Achtzigerjahren geplante Umbau des dortigen Bahnhofs und dessen Umfeld tatsächlich beginnt. Derzeit haben U- und S-Bahn getrennte Haltestellen. Im Rahmen von großzügigen, städteplanerischen Maßnahmen ist vorgesehen, das gesamte Güterbahnhofsgelände und die noch vorhandene Abstellanlage der Stadtwerke einzuebnen und abschnittsweise zu bebauen. Für U- und S-Bahn soll(te) es einen gemeinsamen Bahnhof mit direkten Umsteigemöglichkeiten geben. Im Herbst 2005 zeichnete sich ab, daß wegen finanzieller Engpässe mit einer Realisierung der ehrgeizigen Vorhaben vorerst nicht zu rechnen ist. Auch wird der geplante Rückbau der restlichen, ungenutzt vorhanden Güter- und Aufstellgleise auf unbestimmte Zeit verschoben.

DIE KLEINBAHN im Internet:
www.zeunert.de

Werner Reckert

Arrivederci in Italia - Fahrzeuge der Westfälischen Landeseisenbahn unter südlicher Sonne

Die privaten Eisenbahnen Italiens und auch die dortigen Gleisbaufirmen sind ein großer Abnehmer für Loks und Wagen aus zweiter Hand, die ursprünglich aus Deutschland stammen. Das gilt für ehemalige DB-Loks, man denke nur an die insgesamt zehn V 200 bei der Privatbahn Ferrovie Emilia-Romagna (FER), die dort im schweren Güterzugdienst eingesetzt sind bis hin zu den vielen MaK D-gekuppelten Dieselloks von NE- und Werksbahnen, die teilweise direkt, größtenteils aber über Zwischenhändler den Weg nach Italien fanden.

Natürlich sind auch von der Westfälischen Landeseisenbahn eine ganze Reihe Fahrzeuge über die Alpen gerollt, und es sind nicht nur Lokomotiven gewesen, sondern auch Triebwagen und einige Personenwagen der WLE, die ursprünglich einmal bei der Vorortbahn Wilhelmshaven im Einsatz waren.

1. Dieselloks

Wer sich in Italien auf die Suche nach ehemaligen WLE-Loks (das gilt aber auch für alle anderen ehemaligen NE-Loks) macht, benötigt ein wenig Glück, diese auch zu finden. Das hängt mit dem Einsatzgebiet zusammen, denn die Loks sind in aller Regel bei Gleisbaufirmen im Einsatz und so ziemlich über das ganze Land verstreut. Mit etwas Pech kann das bedeuten, der eisenbahnbegeisterte Urlauber sieht gar keine WLE-Lok, dafür Maschinen

Reggio Emilia, 5.8.2003: T 1783 (ex WLE VL 651).

Alle Italienfotos von Werner Reckert

Foggia, 9.8.2003: SV T 6600 (ex WLE VL 643).

anderer Bahnen, oder aber er hat Glück und trifft durch Zufall eine oder gar mehrere Maschinen auf einmal an. Die beigefügte Tabelle listet die Loks auf, die von der WLE, teilweise über Umwege der anderen WVG-Bahnen in den Süden gerollt sind. Wenn die Lok in den letzten Jahren gesichtet wurde, ist der Monat und das Jahr angeben.

Eine Ortsangabe ist insofern wenig hilfreich, weil die Loks von Baustelle zu Baustelle wandern oder auch mal in die Werkstatt gehen.

Ebenso kann eine Baulok in einem Monat ganz im Norden, kurze Zeit darauf auch auf Sardinien oder Sizilien im Einsatz sein. Wenn keine neuere Sichtmeldung vorliegt kann dies bedeuten, daß die Lok nicht mehr existiert oder aber, daß sie einfach nicht gesichtet worden ist.

Alle diese Loks haben eine Zulassung zum Einsatz auf dem italienischen Eisenbahnnetz, die bislang immer mit einer T-Nummer verbunden war. Mittlerweile vergibt die nach der Bahnreform in Italien zuständige Behörde neue Nummern, die eine Identifizierung nicht unbedingt erleichtern.

Diese Nummern umfassen die Buchstaben DD FMT, den zulassenden Regionalbereich (z.B. BA für Bari), eine vierstellige Zahl sowie einen Kontrollbuchstaben.

Die Zahlenangaben sind mit den alten T-Nummern nicht identisch. Leider läßt sich aber von beiden Nummern keinesfalls auf die Ursprungsnummer schließen. Sehr hilfreich bei der Identifizierung ist die Publikation über deutsche Loks in Italien (siehe Quellenangaben).

Ein wenig sicherer sind da schon die Maschinen anzutreffen, die bei Anschlußbahnen im Einsatz sind. Die in der Tabelle genannte Firma Ser.Fer ist ein solcher Betreiber

2. Triebwagen

Nach Einstellung des Personenverkehrs im Jahr 1975 verkaufte die WLE die VT 1031-33 und die dazugehörigen Steuerwagen an die Ferrovia Alifana, die etwas nordöstlich von Neapel eine Bahnlinie von Piedimonte Matese nach S. Maria Capua Vetere betreibt. Es gibt etliche durchgehende Zugläufe bis Napoli-Centrale, aber leider sind die WLE Triebwagen schon lange nicht mehr im Einsatz.

Allen bekannten Meldungen nach sollen die Fahrzeuge im Jahre 1997 verschrottet worden sein. Im Internet war vor einiger Zeit noch ein Bild von diesen Wagen im abgestellten Zustand unter www.photorail.com. zu sehen. Bei einem Besuch im Sommer 2005 waren keine Triebwagen oder Steuerwagen mehr vorhanden.

Foggia, 9.8.2003: T 6600 (ex WLE-VL 643).

3. Personenwagen

Für mich die größte Überraschung war die Tatsache, daß sowohl in Nord- wie in Süditalien noch einige Mitteleinstiegswagen, ehemals Vorortbahn Wilhelmshaven, vorhanden sind.

Im Norden hat die Satti Bahn auch als Canavesana bezeichnet, heute GTT Gruppo Torinese Trasporti, noch vier Wagen auf ihren Gleisen.

Im Sommer 2001 standen drei Wagen mit den Nummern R 106+108+109 im Endpunkt der Strecke von Torino Porta-Susa zusammen mit dem ehemaligen »Hüttenflitzer« der Verkehrsgesellschaft Peine-Salzgitter (VPS) abgestellt in Pont Canavese. Die Strecke bis dorthin war nach einem Hochwasser nicht mehr befahrbar, eine Station vor Pont, in Cuorgne, mußte in einen Bus umgestiegen werden. Mittlerweile kann Pont wieder mit dem Zug erreicht werden.

Die drei Wagen befanden sich in einem recht guten Zustand. An der gleichen Bahnstrecke, in Favria stand der vierte Wagen (R 107) auf dem Abstellgleis. Als die Satti-Bahn die Waggons von der WLE gekauft hatte, wurde ein weiterer Wagen zur Gewinnung von Ersatzteilen zerlegt. Leider hat die Bahn alle alten Anschriften übermalt, so war eine Zuordnung nach Nummern nicht mehr möglich.

Ganz im Süden, in Bari befinden sich bei der Ferrovie delle Nord Barese (FT, Bari-Barletta) vier weitere Personenwagen. Ein Wagen ist leider durch einen Brand bis auf die Außenhülle völlig zerstört, leider war auch nicht mehr auszumachen, welche Nummer das Fahrzeug vor dem Brand getragen hatte.

In Barletta Scalo stehen drei weitere ex WLE-Wagen, und die sind relativ gut erhalten. Der Innenraum hat albanischen Emigranten eine Zeit lang als Wohnraum gedient und sah im Sommer 2003 wenig einladend aus. Bei dieser Bahn hat man es sich ganz einfach gemacht, die alten WLE-Nummern wurden einfach übernommen - es handelt sich um die Wagen 2301, 2308 und 2310.

Wer seinen Urlaub in Italien verbringt, wird fast im ganzen Land Lokomotiven deutscher NE-Bahnen antreffen, häufig sind es neben den Gleisbaustellen kleinere Stationen an den Fernstrecken, wo vor allem im Ferienmonat August Bauzüge abgestellt werden, aber mit ein wenig Glück ist es auch in Mailand oder Rom möglich, alte Bekannte wiederzusehen. Das Fotografieren ist meistens ziemlich unproblematisch, eine Bitte um Fotoerlaubnis beim Stationsvorsteher oder Baustellenleiter vorgetragen, wird mit der typisch italienischen

Giulianova, 5.8.2004: exWLE-Lok VL 6051 (ex Ruhr-Lippe D 58).

Freundlichkeit eher selten abgeschlagen.

Quellen und Literatur

Cocchi/ Muratori: »Ferrovie Secondarie Italiane«; versch. Ausgaben

Glaubitz/ Ulbricht: »Deutsche Lokomotiven in Italien"; Köln 2003

Molino, Nico: »La ferrovia del Canavese«; Torino 1986

Tutto treno tema No. 4: »Le ferrovie private in Italia dalle origini agli ultimi anii '70«; Albignasego o.J.

Ulbricht, Michael: »Vom Münsterland nach Italien«; Bahn Regional 3/1993

WLE-Nr.	Verbleib in Italien
VL 605	1973 RLG D 58, 1977 Fa. Ventura, Lecce T 6533, August 2004 in schlechtem Zustand
VL 609	1977 RLG D 62, 1983 RVM 26, 1985 Impresa Vialli, Trento, T 12003, Juni 2001
VL 611	1981 RLG D 65, 1987 Italien Ge.Fer. T 1768 II
VL 612	1981 RLG D 64, 1987 Italien ??
VL 613	1981 RVM 25, Fa. Ser Fer K 039/T 2704 Melzo, November 2002
VL 621	1977 Italien, ohne Nr. bei IPE, Pradelle di Nogarole Rocca, Juni 2003
VL 622	1977 CLF Bologna Lok 6, T 3555
VL 632	1988 Cosfer, T 2593, 199? Impr. Salcef T 2593, Oktober 2005 DD FMT RM 2050 P
VL 633	dito, T 2594, 199? Impr. Salcef T 2594, September 1999
VL 635	2003 Italien IPE, Oktober 2005 Co.Rac.Fer DD FMT VE 1004 M
VL 639	2003 Italien, Impr. Luc. Semenzato, Tarvisio Mai 2003
VL 641	1984 CLF, Bologna Lok 14, T 3649, Oktober 2005 IPE Pradelle di Nogarole Rocca
VL 642	1982 Soc. Fersalento, Lecce T 6599, Juni 1997
VL 643	1982 Soc. Fersalento, Lecce T 6600, August 2003
VL 651	1985 RVM 27, 1987 CLF Bologna T 1783, August 2003

Favria, 24.7.2001: SATTI R 107 (ex WLE).

Pont Canavese, 24.7.2001: R 106 + 108 ex WLE.

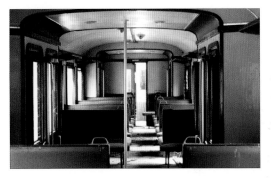

Innenansicht vom R 106.

Barletta Scalo, 23.8.2003: ex WLE 2301 + 2310 + 2308.

Andreas Christopher

Stadtwerke Offenbach GmbH
- Hafenbetriebe -

Am 31.12.1995 stellten die Stadtwerke Offenbach den Betrieb mit eigenen Lokomotiven auf der Offenbacher Hafenbahn ein. Danach erfolgte die Bedienung der verbliebenen Kunden im Hafengelände noch für einige Jahre mit DB-Lokomotiven. Als der letzte Kunde der Hafenbahn im Jahre 2003 seinen Betrieb in Offenbach aufgab, wurde der Güterverkehr auf der Offenbacher Hafenbahn endgültig eingestellt. Im Juni 2004 verkehrten noch einmal Museumszüge. Es sind vermutlich die letzten Fahrten gewesen. Aus diesem Grunde soll kurz auf die Geschichte des Hafens und der Hafenbahn eingegangen werden.

Im Jahre 1901 war die Kanalisierung des Mains bis zur Mainkur östlich von Frankfurt erfolgt. Gleichzeitig ließ die Stadt Offenbach einen Hafen anlegen. Dieser Hafen bestand aus einem Becken von 61.370 m2 Fläche, 770 m Länge, 65 m Breite und 4,5 m Tiefe. Es konnten Schiffe bis zu 1.600 Tonnen anlegen. Der Hafen wurde am 15. September 1902 offiziell in Betrieb genommen.

Kurz darauf, am 9. Dezember 1902, wurde auch die Hafenbahn dem Betrieb übergeben. Insgesamt neun Kilometer Bahngleise wurden an den Kaianlagen und im Hafengelände verlegt. Außerdem erhielten eine Reihe von Industriebetrieben, die im Einzugsbereich der neuen Bahn lagen, Anschlußgleise.

In den folgenden Jahren wurde noch das mainaufwärts gelegene Ufer auf einer Länge von 1,7 km ausgebaut und als Stromhafen hergerichtet. Das Verladen besorgte hier ein Eisenbahnkran, während im Hafenbecken Verladebrücken und Vollportalkräne zur Verfügung standen.

Die Entwicklung des Offenbacher Hafens und der Hafenbahn war von Höhen und Tiefen geprägt.

Lok 2 in neuer Lackierung am 9.11.1976 von der Carl-Ulrich-Brücke aus fotografiert. Das ist Industriebahn wie aus dem Bilderbuch!   *Alle Offenbach-Fotos von Andreas Christopher*

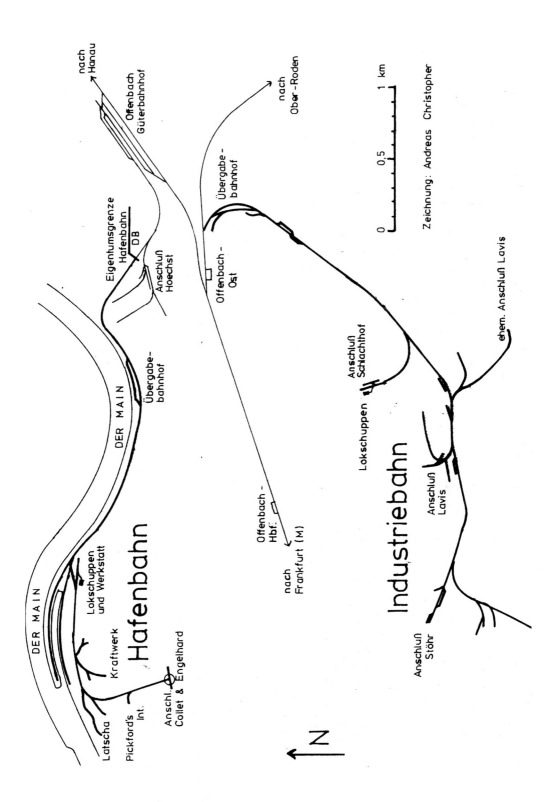

nach Hanau

Offenbach Güterbahnhof

Eigentumsgrenze Hafenbahn
DB

Anschluß Hoechst

Übergabe-bahnhof

nach Ober-Roden

Offenbach-Ost

Zeichnung: Andreas Christopher

0   0,5   1 km

DER MAIN

Übergabe-bahnhof

Lokschuppen und Werkstatt

Kraftwerk

Latscha

Pickford's Int.

Anschl. Collet & Engelhard

Hafenbahn

DER MAIN

Offenbach-Hbf.

nach Frankfurt (M)

Anschluß Schlachthof

Lokschuppen

Industriebahn

Anschluß Lavis

ehem. Anschluß Lavis

Anschluß Stöhr

N

Lok 3 am 29.7.1975 beim Lokschuppen.

Zunächst war das Verkehrsaufkommen ausgesprochen erfreulich. Doch als ab 1913 der in der Nähe auf der anderen Mainseite gelegene Frankfurter Osthafen in Betrieb ging, war das für Offenbach eine starke Konkurrenz. Als Folge der Elektrifizierung ging nach dem Ersten Weltkrieg der Kohleumschlag zurück, ebenso infolge der Stillegung des Offenbacher Gaswerkes. Der Tiefpunkt war 1933 erreicht, ab Mitte der Dreißigerjahre steigerten sich Schiffsgüterumschlag und Hafenbahnverkehr wieder.

Während des Zweiten Weltkrieges wurden Teile der Hafenanlagen durch Bombentreffer stark in Mitleidenschaft gezogen. So wurden die Betriebsgebäude mit Lokschuppen und Werkstatt total zerstört.

Im Jahre 1946 wurde die Hafenbahn von den Stadtwerken Offenbach übernommen. In den folgenden Jahren entwickelte sich der Verkehr ausgesprochen gut. Die Bahn erlebte zu Beginn der Sechzigerjahre ihre Blütezeit. Auf der hochwasserfrei gemachten Hafeninsel richteten eine Reihe von Mineralölgesellschaften ihre Lager ein, wovon auch die Hafenbahn profitierte. In diese Zeit fällt die Umstellung des Bahnverkehrs von Dampf- auf Dieselbetrieb und die Errichtung des neuen Lokschuppens mit integrierter moderner Werkstatt. In dieser Zeit wurden von der Hafenbahn jährlich ca. 200.000 Tonnen befördert. Neben dem eigentlichen Hafenverkehr hat man die wichtigen Gleisanschlüsse Stadtwerke (Kohlenkraftwerk), Maschinenfabrik Collet & Engelhard und Schuhfabrik Rheinberger bedient.

Doch das wirtschaftliche Bild Offenbachs hat sich nach 1965 gewandelt. Aus der Industriestadt wurde eine Dienstleistungsstadt. Eine Reihe von Werken mit Gleisanschluß wurde gänzlich stillgelegt. Das Kohlekraftwerk der Stadtwerke als größter Kunde erhält den Brennstoff ausschließlich per Schiff. Der Ölverkehr zur Hafeninsel hatte für die Hafenbahn bald keine Bedeutung mehr, da es von den Schiffen direkt in die Öltanks gepumpt und anschließend zum großen Teil direkt von Lastkraftwagen an die Kunden geliefert wurde. Nach 1990 wurden die Tanklager aufgegeben und die Hafeninsel geräumt. Um etwa 1995 gab es (analog zu Frankfurt) Pläne zum »Wohnen am Fluß«. Der Offenbacher Hafen sollte gänzlich aufgegeben und auf der Hafeninsel exklusive Wohnanlagen errichtet werden. Bislang wurden die Pläne allerdings nicht realisiert. Jedoch wurden die meisten Betriebe im Bereich des Offenbacher Hafens aufgegeben oder verlagert.

Lok 3 am 29.7.1975 mit einem Bauzug.

Ein wesentlicher Schritt zur Kostenreduzierung auf der Hafenbahn wurde mit der Einstellung des Eigenbetriebs und der Übertragung auf die DB AG getan. 2003 wurde der Betrieb, wie oben geschildert, gänzlich eingestellt, nachdem die Firma TSR Recycling GmbH, die seit 1996 über zwei Werksloks verfügte, ihren Betrieb in den Aschaffenburger Hafen verlagerte.

Zum l. Januar 1948 gelangte auch die im Süden der Stadt Offenbach gelegene Industriebahn in die Verwaltung der Stadtwerke Offenbach und wurde seitdem gemeinsam mit der Hafenbahn betrieben. Die Industriebahn war zwischen 1917 und 1921 zur industriellen Erschließung des südlichen Stadtgebietes entstanden. Wegen stark rückläufigem Verkehrsaufkommen (zuletzt ist nur noch der Gleisanschluß der Firma Stahlbau Lavis bedient worden) wurde der Betrieb hier zum Jahresende 1993 gänzlich eingestellt. Die Gleise wurden abgebaut, und auf der Trasse wurde ein Fuß- und Radweg eingerichtet. Bereits seit 1981 war auf der Industriebahn keine eigene Lokomotive mehr stationiert, sondern eine Lok der Hafenbahn befuhr mittags auch das Industriebahngleis und bediente hier die Gleisanschlüsse.

Die Offenbacher Hafenbahn beginnt im Güter-bahnhof Offenbach, gelegen zwischen den Bahnhöfen Offenbach Ost und Mühlheim/Main. Sie führt zunächst in nordwestliche Richtung auf den Mainbogen zu. Nach Unterquerung der Mühlheimer Straße zweigt der Anschluß zum Werk Offenbach der Alessa Chemie (vormals Hoechst AG) ab. Bis hier ist das Gleis DB-Eigentum. Die Hafenbahn klettert nun den Maindamm hinauf, auf dem die Mainstraße verläuft, und kreuzt diese. Hier verkehrte früher die Straßenbahn nach Bürgel. Auf einer langen Rampe führt die Strecke dann auf das Niveau des Flußufers hinab, wo ein früher dreigleisiger und heute noch zweigleisiger Übergabebahnhof angelegt ist. Dort übernahm die Hafenbahnlok die Güterwagen von der DB. Die Hafenbahn führt nun direkt am Mainufer entlang, unterquert nach einem guten Kilometer die Brückenrampe der Carl-Ulrich-Brücke und gelangt unmittelbar darauf in das Hafengelände. Während je ein Gleis auf beiden Seiten des Hafenbeckens entlang führte, verlief der dritte Gleisstrang näher an der Wohnbebauung entlang und bediente Lagerplätze von Kohlen- und Baustoffhandlungen sowie in der früher bis zum Goethering reichenden Verlängerung einige wichtige Anschlußgleise. An diesem Gleisstrang liegt auch der Hafenbahnlokschuppen.

Seit 1982 führte der Verein Offenbacher Lokalbahn e.V. Museumsfahrten auf der Industrie- und der Hafenbahn durch. Zunächst wurde eine ehemalige Diesellok der Stadtwerke Offenbach eingesetzt, seit 1985 auch eine Dampflok. Die Fahrzeuge waren im Lokschuppen der Industriebahn untergebracht. Nach Stillegung der Industriebahn wurde 1994 der Museumsbahnbetrieb in Offenbach eingestellt und die Fahrzeugsammlung nach Hanau und später nach Fladungen verlagert.

Der Verkehr auf der Hafen- als auch auf der Industriebahn wurde zunächst mit Dampflokomotiven abgewickelt. 1949 kam als erstes Fahrzeug mit Verbrennungsmotor ein Breuer-Lokomotor in den Bestand, der leichte Rangierarbeiten für das Kohlenkraftwerk besorgte, aber bereits 1953 wieder abgegeben wurde. Im Jahre 1951 wurden zunächst zwei gebrauchte Dieselloks für den Streckendienst beschafft, so daß die Dampflokomotiven nur noch Reservezwecken dienten. 1956/57 wurden schließ-

lich zwei fabrikneue Diesellokomotiven auf der Offenbacher Hafen- und Industriebahn in Dienst gestellt, wodurch auch die letzte Dampflok und eine der älteren Dieselloks entbehrlich wurde und verkauft werden konnte. Die zweite Altdiesellok diente fortan zur Reserve und ging schließlich an den Verein Offenbacher Lokalbahn e.V.

Im Hinblick auf die bevorstehende Aufgabe des Betriebes mit eigenen Fahrzeugen wurde eine der neuen Dieselloks bereits im Juli 1995 nach Italien verkauft, während die letzte Diesellok bis zum Jahresende noch regelmäßig eingesetzt wurde und danach nur noch selten, etwa im Frühjahr 1996 bei Gleisbauarbeiten, den Lokschuppen verließ. Auch sie wurde schließlich nach Italien verkauft.

Da Hafen- und Industriebahn seit 1946 bzw. 1948 von den Stadtwerken Offenbach betrieben wurden und zwischen den Bahnen ein regelmäßiger Loktausch stattfand, werden in der Liste die Fahrzeuge beider Bahnen aufgeführt.

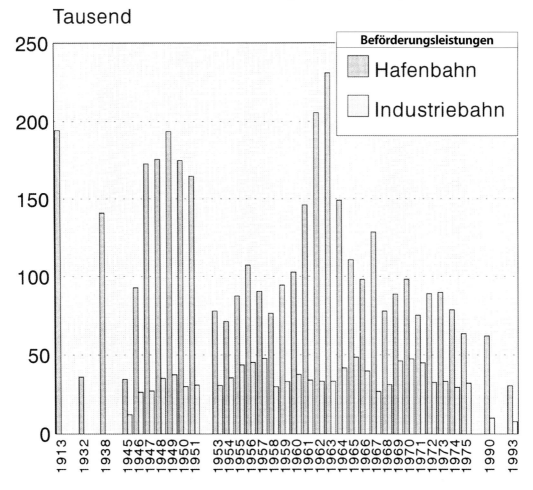

Offenbacher Localbahn e.V.: Lok 1 (ex Hafenbahn) am 3.10.1982 als Museumszug auf der Industriebahn.

Lokliste der Offenbacher Hafen- und Industriebahn

Nr.	Achsf.	Hersteller	Bj./FNr.	Bemerkungen
Dampfloks				
-	Cn2t	MF Darmstadt	1874/59	240 PS; 22.5 t; 1903 ex Cronberger Eisenbahn (1); 1908 an Fa. Adler, Frankfurt
-	Cn2t	Henschel	1908/8620	Typ Thüringen 200 PS neu. 1953 verkauft an Händler (Baddaky, Bremen oder Brausch, Frankfurt)
-	Cn2t	Jung	1920/3361	Typ Pudel 400 PS 48 t neu. 1951 an Zuckerfabrik Uelzen, † ca. 1970
-	Cn2t	Henschel	1921/18296	Typ Bismarck 350 PS 42 t. 1929 ex Henschel-Werkslok, Kassel (11). 1956 über F. Schmidt, Frankfurt an Klöckner Mannstaedt-Werke, Troisdorf
Dieselloks				
-	B-dm	Breuer	1949/3013	Typ V 85 PS neu. 1953 an Bong'sche Mahlwerke, Werk Scheuerfeld, † ca. 1968
-	C-dh	Krupp	1939/1978	360 PS 41 t 1951 über Stegmann, Herne, ex Wehrmacht, Schießplatz Meppen. 1955 über Merkuria, Frankfurt, an Buderus AG, Wetzlar. 1961 an Klöckner Rohstoffhandel, Bremen (1), † 1984
1	B-dh	Gmeinder	1949/2582	Typ N200 200 PS 1951 ex Dynamit Nobel, Troisdorf. 1979 an Privat bez. Offenbacher Localbahn e.V.. 1996 an Eisenbahnfreunde Untermain e.V., für Mellrichstadt Fladungen
2	C-dh	Deutz	1956/56435	Typ A6M428 250 PS 38 t neu. 1995 nach Italien
3=1 II	C-dh	Deutz	1957/56509	Typ A6M428 250 PS 38 t neu. 1980 umgezeichnet in 1 II. 1996 nach Italien

Klaus-Joachim Schrader †

Die preußische T 3

Kaum eine andere Lokomotivbauart verkörpert die von Eisenbahnfreunden und Modellbahnern so geschätzte Romantik der Eisenbahnen vergangener Tage wie die legendäre T 3. Dabei hatte ihre Geburtsstunde alles andere als romantisch verklärte Züge. Entworfen wurde sie als eine möglichst vielseitig verwendbare Mehrzwecklokomotive für Neben- und Kleinbahnen. Die große Zahl von immerhin 1.345 allein für die Königlich Preussische Eisenbahnverwaltung (KPEV) gebauten Loks sprach für die Qualität ihrer Konstruktion.

Die KPEV, seit jeher bestrebt ihren Lokomotivpark nach wirtschaftlichen Gesichtspunkten in Bezug auf Entwurf, Bau und Betrieb zu führen, erstellte mit der ihr eigenen Gründlichkeit »Musterblattzeichnungen« von ihren Lokomotiven, so auch von der T 3. Die erste Ausführung entstand unter dem Sammelbegriff »Normalien für die Betriebsmittel der Preußischen Staatsbahn« nach dem Musterblatt III-4e.

Die T 3 war eine dreiachsige Zweizylinder-Naßdampf-Tenderlokomotive, vorgesehen für kurze Nebenbahnen mit nur 10 t zulässigem Achsdruck und einer höchstzulässigen Fahrgeschwindikeit von 40 km/h.

Die Kohlen befanden sich in seitlichen Kästen. Das Speisewasser wurde im Kastenrahmen mitgeführt. Der Kessel besaß bei den ersten Maschinen noch keinen Dampfdom, sondern nur ein Reglergehäuse hinter dem Schornstein. Die Reglerwelle wurde in Längsmitte über dem Kessel durch den Sicherheitsventilsockel und durch den Sandkasten geführt. Das verhältnismäßig geräumige Führerhaus entstand durch Abschrägung des unteren Teils der Führerhausrückwand.

Als auf den Nebenbahnen höhere Achsdrücke zugelassen wurden, konnte auch die Ausstattung der Lok verbessert werden. Die ursprüngliche Anordnung der Reglerbüchse auf dem vorderen Teil des Langkessels hatte zur Folge, daß bei Rangier-

Lok 21 einer nicht identifizierten Kleinbahn. Weiß ein Leser mehr?   *Foto: Sammlung Klaus-Joachim Schrader †*

89 7159 am 21.4.1977 im Bw Gelsenkirchen-Bismarck auf dem Weg nach Bochum-Dahlhausen. Foto: Wolfgang Bügel

bewegungen häufig Wasser übergerissen wurde und zu Beschädigungen an den Dampfzylindern führte. Ab 1898 ersetzte man den Reglerkopf durch einen Dampfdom, der das Problem des Wasserüberreißens aber nur teilweise löste. Darum mußte der Dom in die Mitte des Langkessels rücken. Ab 1903 wurde die Kesselmitte noch um 90 mm höher gelegt. Außerdem vergrößerte man die Feuerbüchse, so daß schließlich der Wasserraum des Kessels 5 m³ betrug.

Die Lokomotiven besaßen zu Anfang die Heberlein-Fallgewichtsbremse. Nach 1914 wurden sie mit einstufigen Luftpumpen und der automatischen Druckluftbremse ausgerüstet.

Die Lok konnte in der Ebene ein Zuggewicht von 500 t mit einer Geschwindigkeit von 35 km/h und in einer Steigung von 1:140 noch 450 t mit 15 km/h befördern.

Einige der ersten T 3, die für den Einsatz in den waldreichen Ostgebieten vorgesehen waren, erhielten einen Funkenfängeraufsatz auf dem Kamin. Die Dampfverteilung erfolgte mittels Allan- bzw. Tricksteuerung mittels Flachschieber. Bei der T 3 kam diese Steuerungsbauart noch zur Anwendung, als die Heusinger-Steuerung sich im Lokomotvbau längst durchgesetzt hatte.

Alle drei Achsen sind fest im Rahmen gelagert, jedoch besaß die Treibachse 15 mm Spurkranzschwächung. Damit konnten Bogenhalbmesser bis zu 100 m problemlos durchfahren werden.

Als einzige Ausnahme entstand 1905 bei der Hanomag in Hannover eine T 3 mit Pielock-Überhitzer und Lentz´scher Ventilsteuerung und Umsteuerung ohne Schlinge, jedoch mit verstellbarer Außermittelscheibe mittels Handhebel vom Führerhaus. Die Lok wurde auf der Mailänder Ausstellung vorgestellt und kam danach zur KPEV. Die einfache Bauweise der Lentz-Ventilsteuerung konnte sich jedoch gegen die übliche Schwingensteuerung nicht durchsetzen.

Eine verstärkte Bauart der T 3 wurde 1905 im Musterblatt III 4p festgelegt. Die Länge über Puffer wurde von 8.591 auf 8.780 mm verlängert. Außerdem erhielt sie größere Wasserbehälter und eine höhere Kesselmitte. Das Fahrwerk und die Steuerung blieben im wesentlichen unverändert, ebenso die Kesselkonstruktion in ihrem grundlegenden Aufbau. Die Rauchkammer wurde gegenüber der Erstausführung verlängert. Von dieser Ausführung erhielt die KPEV 52 Stück.

Die T 3 wurde in diesen beiden Grundausführungen von 1891 bis 1906 gebaut. Von den insgesamt

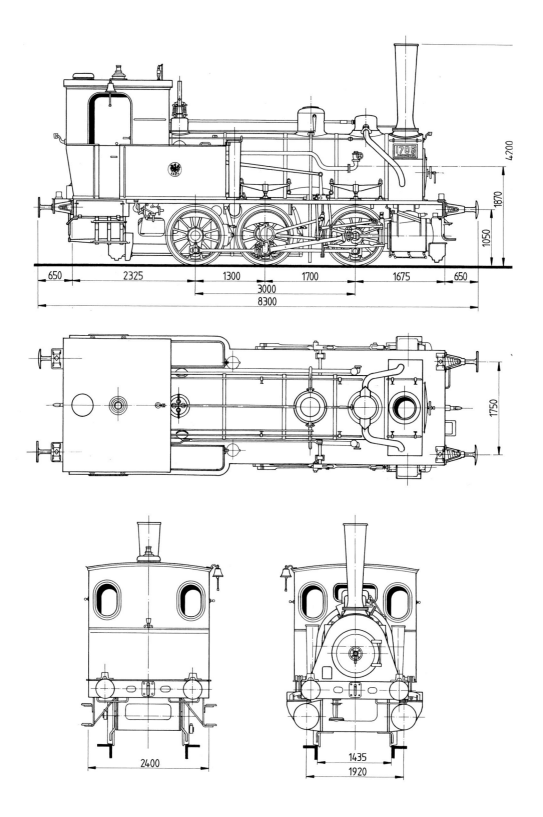

Preußische T 3 nach Musterblatt III 4c.

Zeichnungen: Klaus-Joachim Schrader †

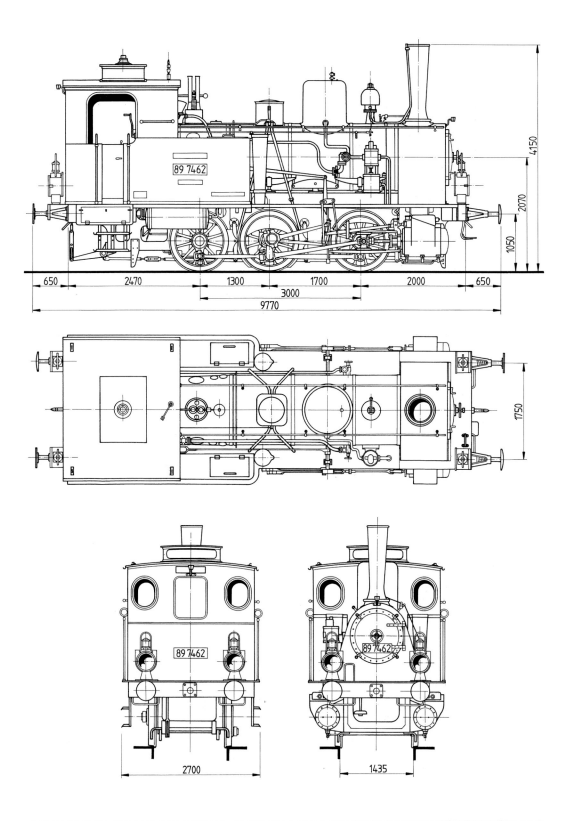

Preußische T 3 nach Musterblatt III 4p.

Zeichnungen: Klaus-Joachim Schrader †

Werklok 004 vom AW Siegen (ex Elberfeld 6189) im Oktober 1967 abgestellt in der Bundesbahnschule Wuppertal. Es ist eine T 3 nach Musterblatt III 4e.   *Foto: Bernd Backhaus.*

1.345 Loks kamen 1920 noch 504 Stück als BR 89.70-75 zur neugegründeten Deutschen Reichsbahn. Davon stammten noch 78 Stück aus den Jahren 1883 bis 1889. Einige Loks gelangten nach 1945 sogar noch in den Dienst von DB und DR. Neben den KPEV-Loks wurden etwa 200 Maschinen für Privat- und Kleinbahnen gebaut. Einige Lokomotiven lieferten deutsche Lokfabriken in das Ausland.

Die Bewährung dieser Bauart als dreiachsige Mehrzwecklok zeigte sich auch in der Folgezeit durch die unendlich scheinende Vielzahl von Weiterentwicklungen für Privat- und Industriebahnen bis hin zu den letzten, bulligen Werkloks Typ »Bismarck« und »Preußen« von Henschel und Typ »Hannibal« von Krupp. Sie alle hatten letztlich die T 3 als ihre Urahnin.

T 3	nach Musterblatt III-4e	nach Musterblatt III-4p
Bauart	Cn2	Cn2
Spurweite	1435 mm	1435 mm
Kolbenhub	350 mm	350 mm
Treibraddurchmesser	550 mm	550 mm
Rostfläche	1,30 m^2	1,30 m^2
Heizfläche	60,0 m^2	60,6 m^2
Dienstgewicht	32,30 t	35,90 t
Leergewicht	24,72 t	29,30 t
Kohlenvorrat	1 t	2 t
Wasservorrat	4 m^3	5 m^3
Zugkraft	4400 kg	5880 kg
Höchstgeschwindigkeit	40 km/h	40 km/h

Horst Prange

Kalkwerk mit Steinbruch und Anschlußbahn

Das Thema dieses Anlagenvorschlags ist eine Industriebahn (Anschlußbahn). Der Platzbedarf dafür ist etwa 2,5 mal 3,8 Meter (in H0).

Die Steinbruchbahn sollte schmalspurig (750 mm/ H0e) sein. Sie wäre dem schweren Steinbruchverkehr besser gewachsen als eine Feldbahn. Sie wird auf einer Ringstrecke mit einem unbeladenen und einem beladenen Zug betrieben, die hinter der Kulisse wechseln. Die Schmalspurlok könnte mit Stange, Zwischenwagen oder asymmetrischen Zug- und Stoßvorrichtungen (siehe ZEUNERT'S SCHMALSPURBAHNEN Band 17 ab Seite 62) das Rangieren der Normalspurwagen übernehmen.

Der Normalspurverkehr wird teilweise als GmP durchgeführt. An Gütern wird Kohle angeliefert und Kalk abgefahren. Die beiden Personenwagen, die in die Güterzüge eingestellt werden, sind für den Berufsverkehr vorgesehen. Ab Epoche III kann der Personenverkehr auch mit einem Triebwagen gefahren werden, um dem Schichtbetrieb des Kalkwerks besser gerecht zu werden.

Ende der Epoche III waren sowohl Dampf- als auch Dieselloks gleichzeitig im Einsatz.

Der auf dem zweiten Schenkel der U-förmigen Anlage angeordnete Endbahnhof kann sowohl durchgestaltet als auch wie auf der oberen Gleisplanzeichnung als Vorratsbahnhof (fiddle yard) gebaut werden. Letzterer ist wegen der guten Eingriffsmöglichkeit vor allem für häufiges Austauschen von Zuggarnituren geeignet.

Die untere Gleisplanzeichnung zeigt einen durchgestalteten Endbahnhof. Er ist groß genug, damit der komplette Fahrzeugpark einer solchen Modellindustriebahn abgestellt werden kann.

Das Kalkwerk selbst liegt 8-10 cm höher als der Endbahnhof, was eine plastische Geländegestaltung erlaubt und der Streckenschleife einen Sinn gibt.

Für die Steinbruchbahn sind 3 Varianten denkbar:
1) Wenn das Rangieren im Normalspurbereich von den Normalspurloks vorgenommen wird, braucht das Dreischienengleis nur über die Brücke verlegt

Eine kleine Industriebahndampflok vor einem Kalkzug mit alten, kurzen O-Wagen

Alle Fotos aus der Sammlung von Horst Prange.

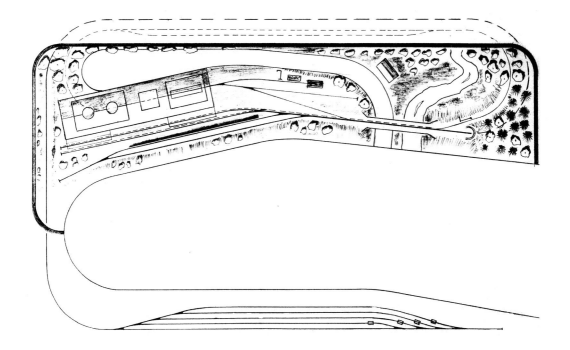

Gleisplanvariante mit offenem Endbahnhof (fiddle yard). Die Schmalspurbahn führt durch das Kalkwerk hindurch. Die Doppellinie (durchgezogen und gestrichelt) markiert das Dreischienengleis.   *Alle Zeichnungen von Horst Prange*

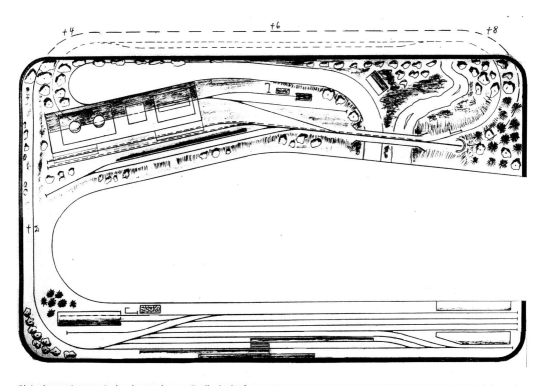

Gleisplanvariante mit durchgestaltetem Endbahnhof.

Stangendiesellok (KATO V 65) rangiert im Kalkwerkanschlußgleis.

Zugbildungsvorschläge für die Steinbruchbahn

1) Schmalspurig - Eine Dampflok Reihe U (Liliput H0e) könnte den Kalksteinzug befördern. Etwas größere Holzloren hatte ROCO in seinem H0e-Programm. Man benötigt a) einen beladenen und b) einen unbeladenen Zug. Zug a) wird gezogen und Zug b) geschoben.

2) Schmalspurig - Die Heeresfeldbahnlok (BEMO H0e) oder die ROCO-Feldbahn-Diesellok (H0e) und eiserne Schotterwagen waren bis Ende der Epoche III im Einsatz. Die Verwendung der für N etwas groß geratenen Fleischmann piccolo-Loren wäre denkbar.

3) Normalspurig - Auf eine zweiachsige Lenz-Dampflok wartet der Kleinbahn-Modellbahner schon lange. Man wird sich entweder mit der spielzeughaften »Schwarzen Anna« von Fleischmann zufrieden geben oder auf eine der schönen dreiachsigen T 3 von Fleischmann oder Märklin/Trix ausweichen müssen. Hölzerne Bodenentleerer wären stilecht, sind aber nur Selbstbau zu erhalten.

4) Normalspurig - Eine (mit Horn und Glocke nachgerüstete) Fleischmann O&K-Diesellok zieht zweiachsige Talbot-Bahndienstschotterwagen von ROCO.

T 3 vor Kalkzug mit Klappdeckel- und ged. Güterwagen.

Fleischmann-O&K-Lok vor Talbot-Selbstenladern.

zu werden und nicht bis in die Ladegleise hinein.

2) Das Rangieren der Normalspurwaggons während des Ladevorgangs mit einer Schmalspurlok (Dreischienengleis!) hat einen ganz besonderen Reiz und wurde deswegen auch in den Gleisplänen vorgesehen.

3) Schließlich gibt es auch die Möglichkeit, die Steinbruchbahn normalspurig zu bauen. Damit würde sich Variante 2) erübrigen. Auch so wäre der Betrieb noch interessant. Für den Normalspurbetrieb auf der Steinbruchbahn könnten die Gleisbögen mit gebogenen Gleisstücken des kleinsten Radius 1 der einschlägigen Modellbahnhersteller verlegt werden.

In allen Fällen ist die richtige Zugbildung wichtig (siehe Skizzen).

Zugbildungsvorschläge für die normalspurige Anschlußbahn

5) Ein GmP mit kurzen E-Wagen (Länderbahntypen) im Schlepp. Die zum Kalkwerk beförderte Kohle muß von Hand entladen werden, weil ein Waggonkipper nicht vorgesehen ist.

6) Der Kalk wird in Klappdeckelwagen und gedeckten Güterwagen (Sackware) abgefahren.

7) Personen- und Güterverkehr sind bereits getrennt. Kalkkübelwagen haben die Klappdeckelwagen abgelöst.

8) Dieseltriebwagen haben den Personenberufsverkehr übernommen.

9) Dieselloks fahren Kohle in offenen Selbstentladewagen zum Kalkwerk. Der Kalk wird mit geschlossenen Selbstentladewagen abtransportiert.

Wolfgang Zeunert

Kleinbahn-Modelle

Tenderlokomotive BR 89.70-75
(Märklin 37140)

Über das Vorbild der weithin bekannten und viel geliebten preußischen T 3 berichten wir in diesem Band auf den Seiten 74-78. Märklin hat für sein Mittelleitersystem (und bei TRIX für Zweileiter-Gleichstrom) ein neu konstruiertes Modell der T 3 ausgeliefert. Das aus Metall gefertigte Gehäuse kann als gelungen bezeichnet werden. Griff- und Stellstangen sind sowohl als Gravur am Kessel wie auch aus feinem Draht angesetzt vorhanden. Übersehen sollte man keinesfalls die zierlichen, durchbrochenen Handräder an den Kesselspeiseventilen. Nur die Lichtmaschine scheint bei dieser Lok außer Betrieb zu sein, denn es ist keine Dampfzuleitung zu entdecken. Aber die zierlichen Loklaternen sind erwähnenswert. Durch das Führerhaus kann man frei hindurchsehen, denn durch die Plazierung des Motors im Kessel konnte der Decoder unten auf dem Boden eingebaut werden. Die Beschriftung ist ordentlich aufgebracht bis hin zum Fabrikschild des Lokherstellers Arnold Jung. Das Fahrwerk ist perfekt lackiert, so daß Metall- und Kunststoffteile nicht zu unterscheiden sind. Höchst gelungen ist die Allan-Steuerung, die durch ihre brünierten Metallteile vorbildgerecht »schön verölt« aussieht. Die Laufeigenschaften sind durch den Allachsantrieb als solide zu bewerten.

Fazit: Für den Modellbahner mit Vorliebe für private Kleinbahnen oder staatliche Nebenbahnen ist eine T 3 ganz ohne Frage die wichtigste Dampflok. Das neue Märklin- (bez. TRIX-) Modell kann aus Kleinbahnersicht allen diesbezüglichen Interessenten empfohlen werden.

Betrachtungen zur T 3 als Modell

Neben der T 3 von Märklin gibt es ist schon seit einiger Zeit ein sehr gutes Modell von Fleischmann (GFN) für Zweileiter-Gleichstrom und für Mittelleiter-Wechselstrom. In das Mittelleitermodell muß lediglich zusätzlich ein Decoder eingesetzt werden, für den die Schnittstelle vorhanden ist. Die Unterschiede zwischen Märklin- und Fleischmann-Modell sind minimal. Die GFN-Lok hat kein brüniertes Gestänge, wahrscheinlich weil man Kunststoff- mit Metallteilen kombiniert hat. Dafür hat sie auf der linken Lokseite einen hölzernen Kohlenkastenaufsatz, der beim Märklin-Modell fehlt. Der Durch-

Märklin (H0): *Die neue T 3 mit Fleischmann-Wagen vor dem Auhagen-Bahnhof Krakow.*

Märklin (H0): *Die Preußische T 3 als neues, gelungenes Modell.*

blick durch das Führerhaus ist ebenfalls frei, nach Einbau des Decoders verringert er sich etwas. Die Loklaternen sind etwas größer als bei Märklin, dafür aber sehr romantisch aussehende alte »Funzeln«. Und auch die Laufeigenschaften sind brauchbar. Überhaupt kann man Fleischmann gewissermaßen als »T 3-Pionier« bezeichnen. Die Älteren unserer Leser werden sich noch an das erste T 3-Modell aus Nürnberg erinnern, das in den Sechzigern erschienen ist. Es war damals eine Sensation, trotz des falschen Maßstabs 1:82 und der falschen Steuerung,

aber wuchtig, solide und zugkräftig gebaut. Die viele Kohle vor dem Führerhaus war zwar nur angraviert, und die Beschriftung bestand nur aus der erhaben ausgeführten und mit etwas gelber Farbe übergewischten Loknummer 89 1315, aber Zurüstteile wie Pumpe, Lichtmaschine und Glocke (Metalldrehteil !) waren schon extra angesetzt. Zu allem Überfluß gab es dazu noch vier verschiedene, kleine preußische Nebenbahnwagen. Wir waren damals hin und her gerissen vor Freude!
Es gab aber noch ein T 3-Modell, an das sich ver-

Märklin (H0): *Seitenansicht der neuen T 3.*

84 Die Kleinbahn

Oben links: *Die »Ur-T 3« von Fleischmann aus den 1960er-Jahren.* **Oben rechts**: *Das RÖWA-T 3-Modell.* **Unten links:** *Die aktuelle Fleischmann T 3.* **Unten rechts**: *Das neue Märklin T 3-Modell.*

mutlich nur noch wenige Leser erinnern können. RÖWA hatte es so um 1970 herausgebracht. Die Lok ist maßstäblich korrekt gewesen. Der Lokaufbau war bemerkenswert detailliert. Er hatte zierliche Loklaternen, eine Dampfzuleitung zur Lichtmaschine (!) und eine am Schornstein angebrachte Glocke. Die Allan-Steuerung könnte man auch heute nicht vorbildgerechter machen. Das Schicksal dieses Modells ist in Vergessenheit geraten. Es tauchte kurz im alten TRIX-Express-Sortiment auf und wurde danach nicht mehr gesehen. ROCO

hatte seinerzeit die RÖWA-Konkursmasse gekauft und damit den Grundstein für seinen Aufstieg als Modellbahnhersteller gelegt. Aber warum war die T 3 nicht dabei?

Siemens-Dispolok EVB (PIKO 57386)

In DK 13 (Seiten 87-88) haben wir uns mit der »Taurus« aus der PIKO-Hobby-Serie befaßt. Diese Modellokreihe war sowohl mit ihrer soliden Ausführung als auch mit ihrem unschlagbar niedrigem

PIKO (H0): *Siemens-Dispolok im Einsatz für die Verkehrsbetriebe Elbe-Weser (EVB).*

BRAWA (H0): *TALENT-Triebwagen der Prignitzer Eisenbahn in wohlfeiler Ausführung.*

Preis ein großer Erfolg für den Thüringer Hersteller. Kein Wunder, denn gute Laufeigenschaften, Einfachdecoder in der Mittelleiterversion und exzellent saubere Lackierung und Beschriftung kamen bei den Modellbahnern gut an. Inzwischen sind eine große Zahl von Varianten erhältlich, und wer auf Dispoloks und Elloks neuer Eisenbahn-Verkehrs-Unternehmen steht, kann sich hier richtig austoben. Es ist unmöglich, auf jede dieser Varianten ausführlich einzugehen, aber wenn dann eine Lok mit der Beschriftung einer der klassischen Privatbahnen auftaucht (auch wenn die Lok gar nicht auf deren eigenem Hausnetz eingesetzt wird), dann juckt es einem schon in den Fingern. Also: Es gibt jetzt auch eine Modellvariante als Siemens-Dispolok mit Aufschrift »EVB« (Verkehrsbetriebe Elbe-Weser). Gelungen! Empfehlenswert!

TALENT-Triebwagen Prignitzer Eisenbahn (BRAWA 0719)

Mit den dreiteiligen, dieselelektrischen TALENT der DB AG-BR 644 und den dreiteiligen, dieselmechanischen TALENT der DB AG-BR 643 konnte sich

BRAWA: Die gelungene Stirnfront vom TALENT.

Bombardier (früher Talbot) erfolgreich im Triebwagengeschäft positionieren. Mittlerweile haben auch Regionalbahnen die aus der BR 643 abgeleitete, zweiteilige Version beschafft, beispielsweise die Prignitzer Eisenbahn. BRAWA hat auch den zweiteiligen Regionaltriebwagen in sein Programm aufgenommen und ihn als VT 643.02 A+B der Prignitzer Eisenbahn ausgeliefert. Das Modell hat einen Aufbau aus Kunststoff, der in seiner Formgebung hervorragend gelungen ist. Makellos und trennscharf ausgeführt ist die mehrfarbige Lackierung. Die Bedruckung mit zahllosen Aufschriften, Diagrammen und Symbolen ist nur mit hervorragend zu bewerten. Der Wagen hat eine komplette Inneneinrichtung, was man hinter den getönten, wandbündig eingesetzten Fensterscheiben nicht vermutet. Das Dreilichtspitzensignals leuchtet entsprechend der Fahrtrichtung. Die Fahrtzielanzeigen sind auswechselbar. Im vorbildgetreuen Fahrwerk aus Zinkdruckguß arbeitet eine schräggenuteter Fünfpolmotor mit zwei Schwungsmassen, was dem Model einen butterweichen Lauf beschert. Fazit: Das in jeder Beziehung großartige BRAWA-Modell ist auf Anlagen mit heutigem Regionalbahnvorbild ohne Frage die erste Wahl.

GEE Dampfspeicherlok 3 (Liliput L102992)

Erst gab es jahrzehntelang keine, und nun kann der Industriebahnfreund in Dampfspeicherloks schwelgen. Allein Liliput hat zwei verschiedene Maschinen im Angebot, eine zwei- und eine dreiachsige Lok. Neu ist die zweiachsige Dampfspeicherlok, die als G.E.E.-Werkslok 3 einen ockergelb

lackierten Kessel mit Dampfdom, Besandungsdom, Griffstangen, Aufstiegsleiter und Sicherheitsventil besitzt. Das Führerhaus hat ein grau lackiertes Dach. Die Führerhausöffnungen sind verglast. An den kleinen vorderen und hinteren Fenstern sind Sonnenschutzblenden angebracht. Unter dem Führerhaus ist der Dampfzylinder angeordnet. Von der brünierten Steuerung aus Metallteilen wird die Antriebskraft auf die vordere Lokachse übertragen, die wiederum über die Kuppelstange die zwei Lokachse mit antreibt. Die zierlichenn Lokräder passen zu der kleinen Lok. Sie sind in einem roten Metallfahrwerk gelagert, das mit Nietreihen, Bremsbacken und Schienenräumern versehen ist.

Die Mittelleiterausführung ist mit einem ESU-Decoder ausgerüstet. Die Laufqualitäten des Modells entsprechen dem Vorbild.

Fazit: Diese kleine Dampfspeicherlok ist wie geschaffen für die auf Modellbahnanlagen meist auch vorhandenen kleineren Fabrikareale. Auf jedem noch so kleinen Anschlußgleis kann sie sich nützlich machen und ist darüber hinaus noch ein belebender Farbtupfer von ganz besonderer Art.

Werklok 9 der OMV (Liliput L132479)

Die Jenbacher Werke, heute nicht mehr im Diesellokomotivbau tätig, lieferten den 1960er-Jahren

Liliput (H0): Die zweiachsige Dampfspeicherlok mit einem BRAWA-Kesselwagen vot einer Fabrik von KIBRI.

Liliput (H0): *Seitenansicht der zweiachsigen Dampfspeicherlok.*

Liliput (H0): *Zweiachsige Dampfspeicherlok von rechts vorn gesehen.*

Liliput (H0): *Zweiachsige Dampfspeicherlok von links hinten gesehen.*

zahlreiche Loks der ÖBB-Reihe 2060, die seitdem mehrfache mechanische Änderungen und Umlackierungen erfuhren. Mittlerweile haben auch Werkbahnen Loks von den ÖBB übernommen.

Liliput hat die OMV-Werklok 9 (auch als Mittelleitermodell) herausgebracht.

Die schon von Haus rundlich barock aussehende aber trotzdem gefällige Reihe 2060 wirkt als OMV-Lok mit dem komplett weiß lackierten Aufbau ausgesprochen elegant. Die spartanische Beschriftung mit dem Eignerfirmenzeichen und der Loknummer 9 ist lupenrein aufgebracht. Schon werksseitig angebrachte, freistehende Handläufe am Führerhaus sowie Griffstangen an den vorderen Rangierertritten beleben das Modell ebenso wie der seitlich am Lokrahmen angebrachte rote Handfeuerlöscher, die Signalhörner am Auspuff oder die Windschutzgläser an den Führerhausfenstern. Das schwarze Fahrwerk kontrastiert nicht nur wirkungsvoll zum weissen Aufbau, es ist auch sehr weitgehend plastisch ausgeführt mit den Rangierertritten, Führerhausaufstiegen, Batteriekasten und Luftbehälter sowie fein gravierten Achslagern. Die massive Pufferbohle ist vorn und hinten teilweise mit einem gelb-schwarzen Warnstrich versehen. Die vordere Pufferbohle trägt zwei frei stehende Loklaternen.

Die Laufeigenschaft sind klaglos gut. Die Mittelleiterausführung ist mit einem ESU-Decoder ausgerüstet.

Fazit: Eine Werksbahn-Rangierlok wie sie sein sollte, und die wirklich zum Rangieren zu gebrauchen ist.

Liliput (H0): OMV-Werkslok rangiert mit drei OMV-Kesselwagen an einem Hochtank von KIBRI.

OMV-Kesselwagen-Set (Liliput L230797)

Um mit der OMV-Werkslok 6 auch gleich eine Werksbahn in Betrieb nehmen zu können, hat Liliput eine Wagenpackung mit drei zweiachsigen OVM-Kesselwagen im Angebot. Die weiß lackierten Kessel mit Entleerungsstutzen und OMV-Beschriftung sind auf einem schwarzen Waggonfahrwerk montiert, von dessen Rangiererbühne eine Aufstiegsleiter zu einer geländerbewehrten Bühne führt, von der beim Vorbild die Einfüllöffnung des Kessels geöffnet (und geschlossen, logisch!) werden kann. Neben dem umfangreich beschrifteten Wagenrahmen ist an jeder Seite der Waggons eine Beschriftungstafel angebracht die besagt, daß der Wagen der KVG Kesselwagen Vermietungsgesellschaft gehört.

Liliput (H0): Seitenansicht der OMV-Diesellok ex ÖBB-Reihe 2060.

Liliput (H0): OMV-Kesselwagen, der im Dreierset geliefert wird.

Faller (H0): Bahnhof Trossingen, Endstation der Trossinger Eisenbahn.

Kesselwagen Stinnes (BRAWA 2065)

Neu gibt es einen kurzen, vierachsigen Kesselwagen der »Akt.-Ges. Hugo Stinnes« von BRAWA, der nicht nur als Altzeitler von der Form her bei Kleinbahnern Interesse weckt, sondern vor allem auch durch seine Beschriftung: »Oeltankanlage Ostermoor«. Man denkt an eine Kleinbahn Norddeutschland, wo ein Anschlußgleis zu einer Ölverladung führt. Das Modell hat einen Detaillierungsgrad, der nur als perfekt zu bezeichnen ist.

H0-Zubehör

Bahnhof Krakow (Auhagen 11 381)
Die Station liegt an der DR/DB-Strecke Pritzwalk-Güstrow. Nach der Wende wurde sie von der Prignitzer Eisenbahn befahren, ehe der Verkehr auf dem mecklenburgischen Teilstück Meyenburg-Güstrow »abbestellt« wurde. Aus dem Bausatz ist ein Gebäude zu bauen, daß sowohl von der Architektur als auch von der Ausführung (feinste Ziegelsteinstruktur!) her geradezu begeistert. Zwei beigefügte Stellwerkvorbauten machen das Gebäude epochenmäßig vielseitig verwendbar. Die mit norddeutschen Vorbildern nicht verwöhnten Modellbahner sind von diesem Bahnhof begeistert, aber auch viele Kleinbahner dürften damit ihren Traumbahnhof gefunden haben.

Bahnhof Schapen (Kibri 9369)
Die Station lag östlich von Braunschweig an der Braunschweig-Schöninger Eisenbahn. Durch eine nebenan liegende Ausflugsgaststätte bekam das Bahnhofsgebäude so etwas wie einen Kultstatus, was es nach der der Stillegungs der Bahn trotz jahrelangem Zerfall vor dem Abriß schützte. Es wur-

BRAWA (H0): Vierachsiger Kesselwagen der »Akt.-Ges. Hugo Stinnes«.

Auhagen (H0): *Das Bahnhofsgebäude von Krakow ist ein Musterbeispiel für norddeutsche Bahnbauten.*

de schließlich restauriert und beherbergt heute ein Institut der Technischen Universität Braunschweig. Der sehr kleine Fachwerkbau mit bretterverkleidetem Obergeschoß und angebautem Güterschuppen könnte fast überall in Deutschland stehen und natürlich an jeder Modellbahn mit Kleinbahnthema.

Bahnhof Trossingen (Faller 110114)

Der Bahnhof Trossingen wurde von der Trossinger Eisenbahn 1898 als Endstation und Verwaltungssitz in Trossingen-Stadt gebaut. Das repräsentative Modell besticht durch das solide gemauerte Erd-

geschoß, das Fachwerk im ersten Obergeschoß und die Bretterverschalung vom Dachgeschoß. Das verwinkelte Gebäude mit Turmanbau auf der Straßenseite ist mit architektonischen Verzierungen, Dachgauben mit Spitzdach und hochragenden Schornsteinen reich gegliedert. Ein Güterschuppen ist angebaut. Das Bauwerk ist noch heute in modernisierter Form erhalten. Es ist schon außergewöhnlich, daß die kurze, elektrische Kleinbahn solch ein repräsentatives Bahnhofsgebäude besitzt. Na ja, früher war man eben stolz auf seine Bahn, auch wenn sie nur eine Klein-Bahn war.

Das Gebäudemodell des Bahnhofs Schladen hat eine dem Vorbild gegenüber leicht veränderte Dachform. Die Bretterfugen des Obergeschosses sollten zumindest farblich hervorgehoben werden.

KIBRI (H0): *Vorbildfoto vom BSE-Bahnhof Schapen.*

Lokalbahnen in Österreich

St+H-Lokalbahn Lambach-Vorchdorf (LV)

Diesellok 20 011 erhielt in der St+H-Werkstätte Vorchdorf eine Revision und versah danach den Güterverkehr auf den St+H-Strecken Lambach-Haag und Lambach-Vorchdorf, bis sie an die STLB vermietet wurde. Seitdem zog V 20 012 die Güterzüge Lambach-Haag und E 24 010 die Güterzüge Lambach-Vorchdorf.

Am Samstag, den 18.9.2004, stießen um 6.30 Uhr auf der eingleisigen Strecke der St+H-Lokalbahn die beiden Triebwagen ET 20 110 und ET 20 111 nahe dem Bahnhof Bad Wimsbach-Neydharting bei der sogenannten Steinfeldsiedlung nach einer Kurve mit einer Geschwindigkeit von etwa 40 km/h frontal zusammen. Ursache war menschliches Ver-

sagen. Der aus Richtung Lambach kommende Lokführer hätte im Bahnhof Wimsbach-Neydharting anhalten und eine Durchfahrtserlaubnis per Funk einholen müssen. Beide Lokführer sind 30 und 31 Jahre alt. Sie wurden in den Triebwagen eingeklemmt und schwer verletzt von der Feuerwehr aus den Trümmern geschnitten und mit dem Notarzthubschrauber Christophorus 10 in das Linzer Unfallkrankenhaus bez. in das Spital Wels geflogen. Wäre dieser Unfall unter der Woche gewesen, hätten in diesen Triebwagen Schüler im Zug gesessen, so aber fuhren in beiden Triebwagen keine Reisenden. Der Sachschaden beträgt etwa EUR 800.000,00. Der Wagenkasten vom ET 20 111 wurde mit Teilen aus dem 20 110 bei der Firma GBM Gleisbaumechanik Brandenburg GmbH in

Links:
St+H-Lokalbahn
Lambach-Vorchdorf
Unfalltriebwagen ET 20 110 bei der Bergung durch die Ellok 24 010.

Unten:
St+H Linzer-Lokalbahn
ET 22 163 + 22 164 als Sonderzug bei der ersten Einfahrt nach Linz Hauptbahnhof auf Gleis 21A.
Fotos (2): Karl Weigl

Mittenwalde/Deutschland wieder hergerichtet.

Die ET 22 109 (ex Bürmoos-Trimmelkam, ex Salzburg) und ET 22 136 sind ersatzweise im Einsatz. Als Reserve wurde von der LILO der ET 22 133 (ex Köln) nach Vorchdorf versetzt.

Stern und Hafferl feierte am 13./14.9.2003 den einhundertjährigen Bestand der Lokalbahn Lambach - Vorchdorf-Eggenberg.

Die Feierlichkeiten begannen in Lambach und mit einem Festakt in Stadl-Paura.

Der Festzug bestand aus Fahrzeugen aus vier Generationen. Der Erste wurde mit den modernen Zweisystemtriebwagen ET 22151 der Linzer Lokalbahn gefahren, der Zweite als Dampfzug mit der 93.1455. Außerdem kam die historische Garnitur ET 24101 + EB 24204 + 24103 zum Einsatz. *Karl Weigl*

Lambach-Vorchdorf: *Fahrzeugparade am 13.9.2003 in Stadl-Paura mit (von links) ET 24 101, Dampflok 93.1455 und ET 22 151.* Fotos (3): Karl Weigl

St+H-Lokalbahn Lambach-Haag

Durch den Ausbau der ÖBB-Westbahn zur Schnellfahrstrecke müßte in Neukirchen der Abzweig der Lokalbahn verlegt werden. Weder die ÖBB als Lokalbahneigentümerin noch das Bundesland Oberösterreich wollen dafür die Kosten übernehmen. Auch Stern + Hafferl als Pächterin der Lokalbahn hat nur noch wenig Interesse an der Bahn, nachdem die ÖBB-Infrastruktur AG das »Infrastrukturnutzungsentgelt« drastisch erhöht hat. Das Schicksal der 21,88 km langen Lokalbahn scheint damit besiegelt. Allerdings wurde die Stillegung von Dezember 2005 auf 2007 verschoben, da 2006 vom 6.5. bis 5.11.2006 in

Lambach-Vorchdorf: *Der von der Salzburger Lb. gekaufte ET 20109 bei seiner Überführung nach Vorchdorf am 27.10.2002 in der Hst. Kösslwang.*

LILO: *ET 23 001 und E 22 002 am 8.11.2005 im alten Linzer Lokalbahnhof.*

Ampflwang die Oberösterreichische Landesausstellung »Kohle und Dampf« stattfindet. Mitveranstalter sind die Österreichische Gesellschaft für Eisenbahngeschichte (ÖGEG; Eisenbahnmuseum Ampflwang) und die Museumsbahn Timelkam-Ampflwang. Für die Ausstellung entstand in Ampflwang ein nagelneuer Ringlokschuppen mit Drehscheibe. Da möchte man in unmittelbarer Nähe wohl keine Eisenbahn stillegen.

St+H-Linzer Lokalbahn (LILO)

Der Linzer Lokalbahnhof hat endgültig nach 93 Jahren ausgedient. Zum ersten Mal wurde das Teilstück Linz-Eferding am 21.3.1912 befahren. Am 8.11.2005 wurde nun der Abschied von der LILO-Endstation um 14.00 Uhr mit einem Festakt mit der Landtagspräsidentin Angela Ortner, einer Vernissage im Büffetwagen, Pendelfahrten mit Nostalgiewagen, einem Sonderpostamt, Flohmarkt und Inventarversteigerung gebührend gefeiert. Der letzte Zug war planmäßig um 22.55 Uhr vom Lokalbahnhof abgefahren. Die stillgelegte Station hat vorläufig noch ein ungewisses Schicksal, denn er steht unter Denkmalschutz. Laut den letzten Aussagen sollen dort Wohnbauten entstehen. Ab 18.11.2005 liefen die LILO-Züge erstmals in den neuen Linzer Hauptbahnhof ein. Bis dahin gab es zwischen dem Linzer Lokalbahnhof und der Haltestelle Leonding einen Schienenersatzverkehr. Zur Eröffnungsfeier der Einbindung der Linzer Lokalbahn in den Linzer Hauptbahnhof fuhr ein Sonderzug bestehend aus dem neuen Triebwagen 22 164 und 22 163, die mit einem schönen Blumengebinde geschmückt waren, pünktlich um 11.05 Uhr in den Linzer Hauptbahnhof ein.

Etwa 50 Mio EURO wurden seitens der ÖBB in den Gleis- und Bahnsteigbereich des Linzer Hauptbahnhofes investiert. Davon entfallen ca. 24 Mio EURO auf die Einbindung der LILO.
Um Platz für die Gleise der Linzer Lokalbahn zu schaffen mußten technische und räumliche Voraussetzungen, wie ein Verrücken des neuen Bahnhofgebäudes um etwa zehn Meter Richtung Bahnhofspark, geschaffen werden. Sämtliche Zugänge und Unterführungen zum Busterminal und zum neuen Hauptbahnhof wurden umgebaut. Die Bahnsteige 1/2 und 21/22 für die Linzer Lokalbahn wurden behindertengerecht ausgestattet und mit Liften und Rolltreppen aufgewertet.
Stern + Hafferl beschafften für die LILO 2005 von Stadler die GTW 2/6-Niederflurtriebwagen ET 22 159 bis 22 163. Die Triebwagen gleichen bis auf kleine technische Änderungen den ET 22 151 bis 22 158, sind aber Zweisystem-Triebwagen 750 V/15 kV/16,7 Hz (wie schon der ET 22 151). Die ET 22 152 bis 22 158 werden 2006 bei Stadler entsprechend umgerüstet. Die bei der LILO verbleibenden älteren ET 22 106 bis 22 108 werden nur noch auf der Zweigstrecke von Weizenkirchen nach Neumarkt-Kallham eingesetzt werden.
Die Dieselloks 20 011 (ex Tegernseebahn 14) und 20 012 (ex Graz-Köflacher Eisenbahn 1500 7) bekamen ÖBB-Zugfunkanlage eingebaut.
Durch die Bauarbeiten in Linz wurde der Zuckerrübenverkehr 2005 mit einer St+H-Diesellok von Strass-Emling über Eferding nach Wels gefahren und dort an die ÖBB übergeben. Die sonst anfallenden Güterwagen übernimmt die ÖBB von der LILO statt in Linz in Zukunft in Eferding.

Karl Weigl

Wolfgang Zeunert

Literaturhinweise

Eisenbahnbücher

Güter- und Schlepptriebwagen
bei deutschen Kleinbahnen und Schmalspurbahnen
Von Dieter Riehemann. 160 S., 78 Farb- und 218 SW-Fotos, EUR 28,00 (D). Verlag Ingrid Zeunert, Postfach 1407, 38504 Gifhorn. Bei den Fortschritten, die Anfang des 20. Jahrhunderts bei der Entwicklung von Verbrennungsmotoren erzielt wurden, lag es auf der Hand, daß sich Industrie und Eisenbahnunternehmen alsbald auch mit dem Bau entsprechend ausgerüsteter Perso-

nentriebwagen befaßten. In den 1920er- und 1930er-Jahren tauchten unzählige Triebwagentypen auf dem Markt auf. Sofern es die Motorleistung gestattete und eine normale Zug- und Stoßvorrichtung vorhanden war, stand der Mitführung einiger regulärer Personen- oder Güterwagen natürlich bei diesen Triebwagen nichts im Wege. Den Durchbruch als universelles Fahrzeug schaffte der Dieseltriebwagen speziell in den 1950er-Jahren, als auch bei den westdeutschen Klein- und Privatbahnen die Ablösung des Dampflokbetriebes aus wirtschaftlichen Gründen unumgänglich geworden war. Für Bahnen mit schwächerem Güter- und mäßigem Personenverkehr war es auch damals kaum vertretbar, Lokomotiven und Triebwagen parallel vorzuhalten. Schwerpunktthema dieses Buches ist der Güter- bzw. Gepäcktriebwagen sowie der Triebwagen als Schleppfahrzeug für Güterzüge bei deutschen Klein- und Privatbahnen in all seinen anzutreffenden Varianten. Viele Fotos sowie die Beschreibung von Betriebsabläufen und Verkehrssituationen vermitteln grundsätzlich etwas von der Romantik, die einer Zugbildung »Triebwagen plus Güterwagen« bei den deutschen Klein- und Privatbahnen zu eigen war bzw. in einigen wenigen Fällen heute noch ist. Durch seine bis zu fünfzig Jahre alten Fotos ist das Buch aber darüber hinaus eine einmalige Kleinbahndokumentation, die es zu diesem Thema in dieser Form noch nicht gegeben hat.

Deutsche Klein- und Privatbahnen
Band 9: Niedersachsen Teil 1 zwischen Weser und Ems

Von Gerd Wolff. 448 S. 210x297 mm, ca. 800 SW-Abb., EUR 39,50 (D). EK-Verlag, 79027 Freiburg.

Wegen der im Bundesland Niedersachsen zahlreichen Klein- und Privatbahnen (insgesamt 58 klassische sowie einige neue Bahnen) ist eine Aufteilung auf drei Bände unumgänglich. Der erste Niedersachsenband befaßt sich mit den 28 Bahnen im nordöstlichen Landesteil, normal- und schmalspurig, längst vergessen oder noch heute in Betrieb. Der Umfang des Materials ist wie schon in den ersten acht Bänden dieser Buchserie von beachtlichem Umfang. Textbeiträge, Betriebsdaten, Triebfahrzeuglisten, Strecken- und Bahnhofspläne und unzählige Fotos ergeben eine kontinuierlich fortgeführte Kleinbahn-Geschichtsschreibung, deren Wert geradezu unschätzbar ist.

Die Baureihe 98 - Band 2

Von Steffen Lüdecke. 416 S. 210x297 mm, ca. 600 Abb., EUR 39,90 (D). EK-Verlag, 70027 Freiburg.

Im zweiten Band des zweibändigen Werkes über die bayerischen Lokalbahnlokomotiven werden die Baureihen 98.8-9, 98.10, 98.15-18 und 98.71-77 vorgestellt. Hierzu muß bemerkt werden, daß neun von den dreizehn beschriebenen Unterbauarbeiten immerhin Dampfloks der ehemaligen Lokalbahn AG (L.A.G.) waren, womit das Buch natürlich eine besondere Bedeutung auch für Kleinbahnfreunde gewinnt. Auch Dampflok Nr. 7 der Tegernseebahn gehört dazu. Der Inhalt besticht durch Artikel über die Entstehungsgeschichte, durch Loklebensläufe, Betriebsgeschichten und Auflistungen. Ganz besonders ist die ungeahnte Fülle von Fotografien zu würdigen, die lobenswerterweise durch sehr ausführliche Bildunterschriften erläutert werden. Das Buch ist wirklich Lokalbahn-Lokgeschichte, wie sie sein soll.

Die Baureihe V 100

Von Peter Große und Josef Högemann. 440 S. 210x297 mm, ca. 100 Farb- und 500 SW-Abb., EUR 45,00 (D). EK-Verlag, 79027 Freiburg.

Mit der V 100 erhielt die DB eine robuste Lok, die sich außerordentlich gut bewährte. 745 Exemplare wurden von 1958 bis 1966 gebaut. Auf nahezu jedem Winkel des damals großen Streckennetzes der DB waren sie zu finden. Heute befinden sich nur noch wenige dieser Loks im Bestand der DB AG. Zahlreich sind sie nach ihrer Ausmusterung an Privatbahnen, Gleisbaufirmen und in das Ausland verkauft worden. Immerhin 57 Seiten befassen sich mit Lokomotiven bei deutschen Regionalbahnen und Industrieeisenbahnen. Bekannt wurde für die Vermarktung von V 100 vor allem die Alstom Lokomotiven Service GmbH, die das frühere DB Regio Schienenfahrzeugzentrum Stendal übernommen hatte. Man hauptuntersucht hier Maschinen, vermietet sie als Dispoloks an nachfragende EVU und verkauft natürlich auch Lokomotiven. Das Buch vermittelt alle wichtigen Fakten über diese Diesellokbaureihe, ergänzt durch viele zumeist unveröffentlichte Aufnahmen aus allen Einsatzbereichen und Epochen mit ausführlichen Bildunterschriften sowie einer nahezu vollständigen Beheimatungsübersicht. Das ist ein großartiges Werk über die wohl »nebenbahnhigste« Großseriendiesellok der Deutschen Bundesbahn, die glücklicherweise auch nach ihrem Ausscheiden aus dem Staatsbahndienst noch heute bei Regionalbahnen und Bahnbauunternehmen ihren Dienst tut.

Die Baureihe V 200

Von Matthias Maier. 400 S. 210x297 mm, ca. 350 teilweise farbige Abb., EUR 39,90 (D). EK-Verlag, 70027 Freiburg.

Kaum eine andere Lokomotivbaureihe der Deutschen Bundesbahn prägte derart das Erscheinungsbild der Bahn wie die V 200. Sie war das Symbol für die moderne Bahn und den Strukturwandel in der Nachkriegszeit. Das zum gleichen Thema 1981 im EK-Verlag erschienene Buch erfuhr nun eine grundlegende Überarbeitung und Erweiterung. Eingehend werden Technik, Einsatzgeschichte und Verbleib der beiden westdeutschen V 200-Varianten und ihrer Schwesterbaureihen in Großbritannien, Spanien und Amerika beschrieben. Für den Kleinbahnfreund ist die V 200 von Interesse, weil die Prignitzer Eisenbahn von der Griechischen Staatsbahn 20 Lokomotiven zurückkaufte, die im OMB-Werk Neustrelitz teilweise nach und nach aufgearbeitet werden.

Eisenbahnen im Harz

Von Michael Rauhe. 96 S. 230x160 mm, ca. 100 Farbabb., EUR 19,80. EK-Verlag, 79027 Freiburg.

Der Harz ist das nördlichste deutsche Mittelgebirge und wird seit 165 Jahren von Eisenbahnen erschlossen, die mit der Braunschweigischen Staatseisenbahn 1840 erstmals Harzburg erreichten. Der 14. Band der kleinen, querformatigen Bildbuchserie befaßt sich mit den Bahnen zwischen Goslar, Wernigerode und Nordhausen. Die heutige Vielfalt des Bahngeschehens wird angeführt von DB Regio. Aber auch Rübelandbahn (hier noch DB Railion), Kreisbahn Mansfelder Land und Harzer Schmalspurbahn sind darin eingebunden. Darüber hinaus berücksichtigt der Bildband auch stillgelegte Bahnen wie die Südharz-Eisenbahn, die Kleinbahn Gittelde-Bad Grund und auch nicht mehr bestehende DB-Strecken. Gutes Bildmaterial mit ausführlichen Bildlegenden.

Lebendige Dampflok

Von Anthony Lambert. 160 S. 265x300 mm, ca. 130 Farbabb., ca. 26 Farbkarten, EUR 29,90. Transpress, 70180 Stuttgart.

Auf den ersten Blick scheint es eines der Geschenkbildbände zu sein, die man im Buchhandel zu allen möglichen Themen findet. Aber beim ersten »Hineinlesen« stellt man fest, daß die Beschreibungen von 26 Reisen zu Eisenbahnen in aller Welt eine Eisenbahnromantik bieten, die man eigentlich heute gar nicht mehr für möglich hält. Schon beim Überfliegen des Inhaltsverzeichnisses wird klar, daß es sich hier im großen Umfang um schmalspurige Bahnen handelt, die die Autoren bereist haben, wobei sich der Bogen von der deutschen »Molli« bis zur Waldbahn von Changa Manga in Pakistan spannt, wobei Letztere den lesenden Schmalspurfreund dann endgültig in Verzückung versetzt.

Traumhafte Eisenbahnreisen in aller Welt

Von Tom Saviol und Anthony Lambert. 160 S. 265x300 mm, 179 Bilder, davon 169 in Farbe, EUR 29,90 (D). Transpress, 70032 Stuttgart.

Was ich zum Buch »Lebendige Dampflok« bereits sagte, trifft auch auf diesen Band zu. Der hohe Anteil von schmalspurigen Eisenbahnen ist auch hier nicht zu übersehen. Er reicht von den deutschen Harzer Schmalspurbahnen über die peruanische Gebirgsbahn von Cusco nach Aguas Calientes bis zum Schmalspurnetz auf Sardinien. Man erlebt in Reiseberichten aber auch den Venice Simplon-Orient-Express, reist mit der norwegischen Staatsbahn zum Polarkreis oder fährt mit dem California Zephir von Chicago nach San Francisco, insgesamt auf 24 verschiedenen Eisenbahnstrecken in der ganzen Welt. Und wie beginnt Autor Tom Saviol das Buch: »Meine Reisen mit der Eisenbahn begannen im Alter von vier Jahren, als eine tapfer ertragene Fahrt zum Krankenhaus, zwecks Behandlung meines gebrochenen Arms, mit einer Spielzeugeisenbahn belohnt wurde.« Seitdem ist er beim Reisen mit der Eisenbahn geblieben und schreibt darüber auch solch schöne Bücher.

Les BB 15000

Von Jean-Marc Dupuy. 102 S. 210x297 mm, viele überwiegend farbige Fotos, EUR 13.55 (F). Editions Publitrains, F 67660 Betschdorf (man spricht deutsch).

Das »Spécial« der Zeitschrift »Le Train« beschreibt in französischer Sprache die Thyristor-25 kV-50 Hz-Elloks. Es ist die elegante Lokreihe mit dem »Knick« in der Stirnfront. Zahlreiche, brillante Farbfotos machen das Heft auch bei Nichtkenntnis der französischen Sprache ansehenswert.

Les BB 6600

Von Olivier Constant. 102 S. 210x297 mm, zahlreiche überwiegend farbige Fotos, EUR 13.55 (F). Editions Publitrains, F 67660 Betschdorf (man spricht deutsch).

Das in französischer Sprache gedruckte »Spécial« der Zeitschrift »Le Train« befaßt sich mit der BB 66000-Diesellok-Familie der SNCF, die man mit der deutschen V 100 vergleichen kann. Umfangreich und exzellent illustriert.

Brikettfabriken und Anschlußbahnen im Rheinischen Braunkohlenbergbau

Von Karl Pokschewinski, Volker Schüler und Manfred Coenen. 215 S. 210x290 mm, zahlreiche SW-Fotos und Zeichnungen. Lokrundschau 83136, 21001 Hamburg.

Während der Steinkohlenbergbau schon öfter in der Literatur behandelt wurde, erfährt der Braunkohlenbergbau mit diesem Buch nun auch eine ausführliche Würdigung. Man erfährt die technische Einrichtung einer Brikettfabrik, und alle diese Fabriken der Region werden mit eindrucksvollen Fotografien und Lageplänen vorgestellt. Ebenso gründlich werden die Anschlußbahnen mit Fahrzeugen und Gleisanlagen behandelt. Es fehlen auch nicht die Datentabellen der Fahrzeuge. Hier gab es sämtliche Traktionsarten: Dampfloks, Dieselloks und Elektroloks. Auch der Modellbahnfreund bekommt mit Gebäudefotos und Gleisplänen alles geboten, um eine Brikettfabrik-Anschlußbahn aufbauen zu können. Ein interessantes Werk für Werks- und Industriebahnfreunde.   *Horst Prange*

Modellbahnhefte

55 Modellbahn-Gleispläne

Von Michael Meinhold. 100 S. 210x280 mm, 55 farbige Gleispläne von Thomas Siepmann, zahlreiche Farb- und SW-Fotos, EUR 12,50 (D). VGB Verlagsgruppe Bahn, 82256 Fürstenfeldbruck.

MIBA-Planungsspezialist Michael Meinhold präsentiert eine Zusammenstellung von 55 Modellbahn-Gleisplänen aus MIBA, MIBA-Spezial und MIBA-Report vom kleinen Nebenbahn-Endstation fürs Bücherregal bis hin zur raumfüllenden Rundumanlage. Modellbahngerecht umgesetzte Originalbahnhöfe und Vorbildstrecken sind hier ebenso zu finden wie Bw-Pläne, Industriebahnen oder Schmalspuranlagen. Hier wird auch der Kleinbahn-Modellbahner, der vor der Planung oder vor dem Bau einer vorbildlichen Anlage steht, mit Sicherheit bei von ihm gesuchten Anregungen fündig.

Bahn und Schiff

Redaktion Helge Scholz. 94 S. 210x297 mm, ca. 200 Farbabb., EUR 13,70 (D). VGB Verlagsgruppe Bahn, 82256 Fürstenfeldbruck.

Das Aufeinandertreffen von Schienen- und Schiffsverkehr zählt zu den spannendsten und abwechslungsreichsten Themen für die Gestaltung einer Modellbahnanlage. Nach einer Betrachtung der Vorbildsituation beschreibe diese »Eisenbahn-Journal«-Sonderausgabe die vielfältigen Möglichkeiten bei der Modellumsetzung. Auch die Modellbahnpraxis kommt jedoch nicht zu kurz. Um eine Hafenbahn originalgetreu und den Bedürfnissen der Güterumschlags und des Personenverkehrs zweckentsprechend aufzubauen, erhält der Leser einen fundierten Einblick in die Verknüpfung der beiden Verkehrsströme. Gleisplanvorschläge etwa vom Hafen in Königsberg, der Situation in Büsum oder von einem alten Ostseehafen mit Passagierdampferbetrieb liefern Inspirationen für die Modellumsetzung. Außerdem wird der Aufbau eines Binnenhafenmoduls und die Gestaltung typischer Speichergebäude beschrieben.

Modellbahn-Kurier 18: Industrie & Gewerbe Teil 2

Redaktion Ralph Zinngrebe. 94 S. 210x297 mm, zahlreiche Farbabbildungen, EUR 9,80 (D). EK-Verlag, 79027 Freiburg.

Sowohl die kleine Hinterhofwerkstatt am Rand der Gleise als auch ausgedehnte Fabrikanlagen gehören zum Umfeld der Bahn. Viele der Betriebe sind zugleich Bahnkunden, und manche haben eigene Gleisanschlüsse. Das zweite Heft zu diesem Thema befaßt sich mit Brauerei, Kieswerk, Steinbruch und Papiersackfabrik sowie mit Industriemodellen und Gleisanlagen.

Ferner werden eine Originalziegelei mit ihrer Feldbahn beschrieben. Praxisnahe Publikation.

MIBA-Spezial 65: 80 Jahre Einheitsloks

Redaktion Martin Knaden. 106 S. 210x280 mm, ca. 130 Farb- und SW-Fotos sowie Zeichnungen, EUR 10,00 (D). VGB Verlagsgruppe Bahn, 82256 Fürstenfeldbruck.

Vor 80 Jahren wurde mit der 02 001 die erste deutsche Einheitslokomotive in Dienst gestellt. Ein Grundlagenbeitrag schildert den mühevollen Weg zu heute berühmten Baureihe wie 01, 44 oder 85. Einer der Modellanlagenvorschläge konzentriert sich auf das Bw, der Einsatzstelle der schwarzen Dampfrösser. Das Heft ist eine sehr gelungene bunte Mischung aus Vorbild- und Modellbahnartikeln.

MIBA-SPEZIAL 66: Modellbahneinstieg heute

Redaktion Martin Knaden. 106 S. 210x297 mm, zahlreiche farbige Fotos und Zeichnungen, EUR 10,00. VGB Verlagsgruppe Bahn, 82256 Fürstenfeldbruck.

Was braucht man für den Aufbau einer Modellbahn unbedingt? Das Heft will Anfängern und Wiedereinsteigern eine Starthilfe geben. Es werden Grundlagen der Modellbahnplanung und entsprechende Planungshilfen beschrieben. Anfangspackungen (neudeutsch = Start-Sets) gestern und heute werden erwähnt. Dann wird der Bau von Häusern aus Bausätzen erläutert. Und bei Themen über Unterflurantriebe von Weichen, die Automatisierung mit dem Computer und dem Bau einer größeren Anlage wird klar, daß dieses Heft kein Kinderkram ist, sondern sich ernsthaft mit dem selbst gestellten Thema beschäftigt.

DVD und Video

Die Baureihe 212
Abschied von der Bundesbahn-V 100

Produktion Rio Grande Video. DVD Laufzeit ca. 62 Minuten (auch als VHS), EUR 15,95. VGB Verlagsgruppe Bahn, 82256 Fürstenfeldbruck.

Fast 50 Jahre währte der Dienst einer der zuverlässigsten und am weitesten verbreiteten Diesellok der Deutschen Bundesbahn. Ende 2004 schieden die letzten Exemplare aus den Diensten der DB AG aus. Das war Grund genug, den letzten zehn Lebensjahren dieses »Mädchens für Alles« ein Filmportrait zu widmen. Denn dieser Zeitabschnitt hatte durchaus Höhepunkte und auch außergewöhnliche Leistungen (u.a. im schweren Güterverkehr) zu bieten. Nicht vergessen werden die zahlreichen V 100, die bei privaten Bahnen eine neue Heimat gefunden haben. Ein gelungener Film von dieser tollen Lokbaureihe.

Eisenbahn Video-Kurier 63

Produktion CFT-Video. Laufzeit ca. 58 Minuten, DVD EUR 19,80, VHS EUR 15,50. EK-Verlag, 79027 Freiburg.

Themen dieser Ausgabe: Die von der Prignitzer Eisenbahn gekaufte V 200 werden aus Griechenland kommend im Hafen Wismar an Land gebracht. Die restaurierte 221 136 für ImoTrans. DDR-Erbe - die Baureihe 143. 40 Jahre Vogelfluglinie. Schmalspurdampf in Ungarn. Als üblicher Rückblick: Der legendäre TEE.

Eisenbahn Video-Kurier 64

Produktion CFT-Video. Laufzeit ca. 58 Minuten, DVD EUR 19,80, VHS EUR 15,50. EK-Verlag, 79027 Freiburg.

Themen dieser Ausgabe: 75 Jahre AW Dessau. 125 Jahre Rennsteigbahn. Der Cargo Mover. Die letzten Tage der BR 627.1 und 628.0. Duo Combino in Nordhausen. Als üblicher Rückblick: Sonderzug mit 50 001 und 55 4848 im April 1970.

Eisenbahn Video-Kurier 65

Produktion CFT-Video. Laufzeit ca. 58 Minuten, DVD EUR 19,80, VHS EUR 15,50. EK-Verlag, 79027 Freiburg.

Themen dieser Ausgabe: Siemens Dispoloks. Die Oberweißbacher Bergbahn. Traktionswechsel auf der Rübelandbahn. 65 1049 wieder in Betrieb. Üblicher Rückblick: Die Baureihe 403.

Alle drei Ausgaben dieses Eisenbahn-Filmmagazins zeichnen sich durch interessante Beiträge aus, die vielseitige Interessengebiete abdecken. Bild-, Ton- und Kopie-Qualität sind erstklassig.

Bestellkarte
Porto je Buch EUR 1,40

Verlag Ingrid Zeunert • Postanschrift: Postfach 14 07, D 38504 Gifhorn
Hausanschrift: Hindenburgstrasse 15, D 38538 Gifhorn
Telefon: 05371-3542 • Telefax: 05371-15114 • e-mail: webmaster@zeunert.de
Steuernummer: 19/150/03315 • Ust-IdNr. DE 115235456

Expl. DIE KLEINBAHN je EUR 10,00 (D) Band 2 ☐ Band 4 ☐	
Expl. DIE KLEINBAHN je EUR 11,50 (D) Band 5 ☐ Band 6 ☐	
Expl. DIE KLEINBAHN je EUR 15,00 (D) Band 7 ☐ Band 8 ☐ Band 9 ☐ Band 10 ☐ Band 11 ☐ Band 12 ☐ Band 13 ☐ Band 14 ☐	
Expl. ZEUNERT'S SCHMALSPURBAHNEN je EUR 11,50 (D) Band 11 ☐ Band 12 ☐ Band 13 ☐ Band 14 ☐	
Expl. ZEUNERT'S SCHMALSPURBAHNEN je EUR 12,50 (D) Band 15 ☐ Band 16 ☐ Band 17 ☐ Band 18 ☐ Band 19 ☐	
Expl. ZEUNERT'S SCHMALSPURBAHNEN je EUR 15,00 (D) Band 20 ☐ Band 21 ☐ Band 22 ☐ Band 23 ☐ Band 24 ☐	

Name: _____

Strasse und Hausnummer: _____

PLZ: _____ Ort: _____ 1. Unterschrift: _____

Wichtige rechtliche Garantie: Ich weiß, daß ich diese Bestellung innerhalb von 10 Tagen widerrufen kann. Zur Fristwahrung genügt die Absendung des Widerrufs innerhalb dieser Zeitspanne an den Verlag Ingrid Zeunert, Postfach 14 07, 38504 Gifhorn. Ich bestätige meine Kenntnisnahme durch meine 2. Unterschrift:

Datum: _____ 2. Unterschrift: _____

0206

Bestellkarte
Porto je Buch EUR 1,40 (D)

Verlag Ingrid Zeunert • Postanschrift: Postfach 14 07, D 38504 Gifhorn
Hausanschrift: Hindenburgstrasse 15, D 38538 Gifhorn
Telefon: 05371-3542 • Telefax: 05371-15114 • e-mail: webmaster@zeunert.de
Steuernummer: 19/150/03315 • Ust-IdNr. DE 115235456

Stück	V.-Nr.	Titel	Einzelpreis
	012	Moderne Privatbahn in der Grafschaft Bentheim	EUR 20,00 (D)
	017	Lokalbahnen in der Steiermark (Steierm. Landesb.)	EUR 25,00 (D)
	018	Die Feldbahn (Band 4)	EUR 30,00 (D)
	021	Die Feldbahn (Band 5)	EUR 23,00 (D)
	024	Schmalspurbahnen Zittau-Oybin/Jonsdorf	EUR 15,00 (D)
	027	Wismarer Schienenomnibusse der Bauart Hannover	EUR 20,00 (D)
	034	Harzgiganten Baureihe 99.23	EUR 7,50 (D)
	036	Die Feldbahn (Band 6)	EUR 28,00 (D)
	040	Grosse Modellbahnen - Gartenbahn Bibliothek (Band 1)	EUR 28,00 (D)
	042	Die Feldbahn (Band 7)	EUR 28,00 (D)
	044	Güter- und Schlepptriebwagen	EUR 28,00 (D)

Name: _____

Strasse und Nr. _____

PLZ: _____ Ort: _____

Datum: _____ Unterschrift: _____

0206

Wir sind Spezialisten für Kleinbahn-Literatur
Internet: http://www.zeunert.de   **e-mail:** webmaster@zeunert.de

Hiermit bestelle ich zur fortlaufenden Lieferung bis auf
jederzeit möglichen Widerruf:

ZEUNERT'S SCHMALSPURBAHNEN

ab Band ___

Preis je Band zur Zeit EUR 15,00 (D)

DIE KLEINBAHN

ab Band ___

Preis je Band zur Zeit EUR 15,00 (D)

Grosse Modellbahnen - Gartenbahn-Bibliothek

ab Band ___ . Preis je Band zur Zeit EUR 28,00 (D)

Keine Abonnementbezahlung im voraus. Jeder Band wird mit
Rechnung und im Abonnement portofrei geliefert.

Name:

Strasse und Hausnummer:

PLZ und Ort:

1. Unterschrift: **Datum:**

Wichtige rechtliche Garantie: Ich weiß, daß ich diese Bestellung
innerhalb 10 Tagen widerrufen kann. Zur Fristwahrung genügt die
Absendung des Widerrufs innerhalb dieser Zeitspanne an den
Verlag Ingrid Zeunert, Postfach 14 07, 38504 Gifhorn. Ich bestätige
meine Kenntnisnahme durch meine zweite Unterschrift.

2. Unterschrift: _____ 0206

Bitte
ausreichend
frankieren

Postkarte

Verlag Ingrid Zeunert
Postfach 14 07

D 38504 Gifhorn

Hiermit bestelle ich zur fortlaufenden Lieferung bis auf
jederzeit möglichen Widerruf:

ZEUNERT'S SCHMALSPURBAHNEN

ab Band ___

Preis je Band zur Zeit EUR 15,00 (D)

DIE KLEINBAHN

ab Band ___

Preis je Band zur Zeit EUR 15,00 (D)

Grosse Modellbahnen - Gartenbahn-Bibliothek

ab Band ___ . Preis je Band zur Zeit EUR 28,00 (D)

Keine Abonnementbezahlung im voraus. Jeder Band wird mit
Rechnung und im Abonnement portofrei geliefert.

Name:

Strasse und Hausnummer:

PLZ und Ort:

1. Unterschrift: **Datum:**

Wichtige rechtliche Garantie: Ich weiß, daß ich diese Bestellung
innerhalb 10 Tagen widerrufen kann. Zur Fristwahrung genügt die
Absendung des Widerrufs innerhalb dieser Zeitspanne an den
Verlag Ingrid Zeunert, Postfach 14 07, 38504 Gifhorn. Ich bestätige
meine Kenntnisnahme durch meine zweite Unterschrift.

2. Unterschrift: _____ 0206

Bitte
ausreichend
frankieren

Postkarte

Verlag Ingrid Zeunert
Postfach 14 07

D 38504 Gifhorn

Wir sind Spezialisten für Kleinbahn-Literatur

Internet: http://www.zeunert.de   **e-mail:** webmaster@zeunert.de